能源与电力分析年度报告系列

2010 中国发电能源供需与电源发展分析报告

国网能源研究院　编著

中国电力出版社
www.cepp.com.cn

内　容　提　要

《中国发电能源供需与电源发展分析报告》是能源与电力分析年度报告系列之一。本报告分为现状分析、相关政策与发展形势分析及2010年发展形势展望三篇。在现状分析篇中，全面介绍了2009年我国发电能源供需及电源发展状况，总结了电源发展中存在的主要问题。在相关政策与发展形势分析篇中，结合相关政策，分析了近年来我国煤电运及水电、核电、风电等清洁能源发展形势，总结了存在的主要问题并提出了相关建议；结合风电大规模快速发展形势，对风电与其他电源的协调发展、风电与电网的协调发展等风电大规模发展中亟待解决的重大问题进行了较为系统的研究。在2010年发展形势展望篇中，对2010年的经济发展形势、发电能源和电力供需形势等进行了预测分析。

本报告可供我国能源及电力工业发展相关的政府部门、企业及研究单位参考使用。

图书在版编目（CIP）数据

中国发电能源供需与电源发展分析报告．2010/国网能源研究院编著．—北京：中国电力出版社，2010.6
（能源与电力分析年度报告系列）
ISBN 978-7-5123-0586-1

Ⅰ.①中…　Ⅱ.①国…　Ⅲ.①发电—能源—研究报告—中国—2010　②电源—经济发展—研究报告—中国—2010　Ⅳ.①F426.61

中国版本图书馆CIP数据核字（2010）第118914号

中国电力出版社出版、发行
（北京三里河路6号　100044　http://www.cepp.com.cn）
北京市同江印刷厂印刷
各地新华书店经售
*
2010年6月第一版　　2010年6月北京第一次印刷
700毫米×1000毫米　16开本　8印张　92千字
印数0001—2000册　定价 **38.00** 元

《中国发电能源供需与电源发展分析报告》
编 写 组

组 长 白建华

副组长 贾德香

成 员 张 栋 张富强 张树伟 陈立斌 辛颂旭 金艳鸣
梁芙翠 魏晓霞 陈 伟 程 路 付 蓉 徐 翀
李 茜 高 赫

前言

2009年，全球金融危机形势依然严峻，世界各国积极发展清洁能源，应对气候变化，拉动经济增长。我国在出台系列政策促进经济平稳发展的同时，明确提出了争取到2020年非化石能源消费占一次能源消费比重达到15%左右、单位国内生产总值二氧化碳排放比2005年下降40%～45%的目标。节能优先，加快清洁能源发展，促进能源供应多元化，积极应对气候变化，已成为我国能源可持续发展的重要内容。

2009年，风电的大规模快速发展成为我国电源发展中的热点问题。由于我国风电开发较为集中，且多处于“三北”地区（东北、西北、华北），部分地区已暴露出系统调峰运行困难、风电远距离外送能力不足等问题。如何合理、有序地开发利用我国的发电能源资源，改善电源结构，优化电源布局，促进我国清洁能源开发与电力系统协调发展，为国民经济又好又快发展提供安全、经济、充足、清洁的电力供应，是必须长期关注和研究的重大问题。为此，国网能源研究院开展了中国发电能源供需与电源发展分析研究工作，形成了《中国发电能源供需与电源发展分析报告》，全面总结了2009年我国发电能源资源供需和电源建设的最新进展情况，剖析了行业热点问题，分析了2010年发展趋势，以期为我国的发电能源供应保障体系建设和电力工业发展提供决策参考。

本报告共分为三篇6章。第一篇包含第1、2章，是现状分析，主要对我国发电能源供需与电源发展现状进行了分析；第二篇包含第3～5章，是相关政策与发展形势分析，主要分析了我国煤电运相关政策与发展形势、清洁能源发展相关政策与发展形势，研究了清洁能源发展亟待解决的重大问题；第三篇包含第6章，是2010年发展形势展望，主要包括2010年我国宏观经济发展形势与电力需求预测、电力供需平衡及电煤供需形势分析等内容。

在本报告编写过程中，得到了国家电网公司发展策划部等相关部门的大力支持，在此表示衷心感谢！

限于作者水平，虽对书稿进行了反复研究推敲，但难免仍会存在不足和疏漏之处，恳请读者谅解并批评指正！

编著者

2010年6月

目　录

二　相关政策与发展形势分析篇

一

现状分析篇

2009 年，我国煤炭需求先抑后扬，煤炭供需前松后紧，第四季度中东部的部分地区出现煤电运紧张局面。上半年，受国际金融危机的影响，我国经济发展减速，发电量出现负增长，发电能源需求下降，未发生由于年初煤电双方价格之争而可能引起的电煤供应紧张问题。6 月以后，国家保增长、保民生、保稳定的政策措施效果显现，并在高温天气的推动下，发电量恢复正增长并逐月加速，发电能源消费稳步增长。入冬以后，受经济快速发展和寒冷气候的影响，用电需求进一步大幅增长，我国华中、华东地区出现煤电运紧张，电煤库存快速下降，部分省区因缺煤停机而发生拉闸限电。

2009 年，我国电源装机容量继续保持较快增长，年底装机容量达到 8.74 亿 kW，同比增长 10.2%。在国家积极应对气候变化与节能减排的形势下，水电装机容量出现较大增长，风电装机容量继续保持翻番式增长，甘肃酒泉千万千瓦级风电基地开工建设。水电和风电装机容量比重上升，火电装机容量比重下降，电源结构进一步向绿色低碳化发展。核电建设加快，在建规模居世界首位，世界首座第三代 AP1000 核电机组在我国浙江三门核电站开工建设。全年关停小火电机组 2617 万 kW，“十一五”期间已累计关停 6006 万 kW，提前一年超额完成关停 5000 万 kW 的“十一五”小火电机组关停目标。供电煤耗与火电厂污染物排放绩效进一步下降，电力工业节能减排水平不断提高。

1

2009 年发电能源供需现状

1.1 煤炭供需情况

1.1.1 煤炭生产

（一）总体情况

2009 年，我国煤炭产量约为 30.5 亿 t，同比增长 9.2%，继续保持较快增长势头。2001 年以来我国煤炭产量及同比增长情况如图 1-1 所示。

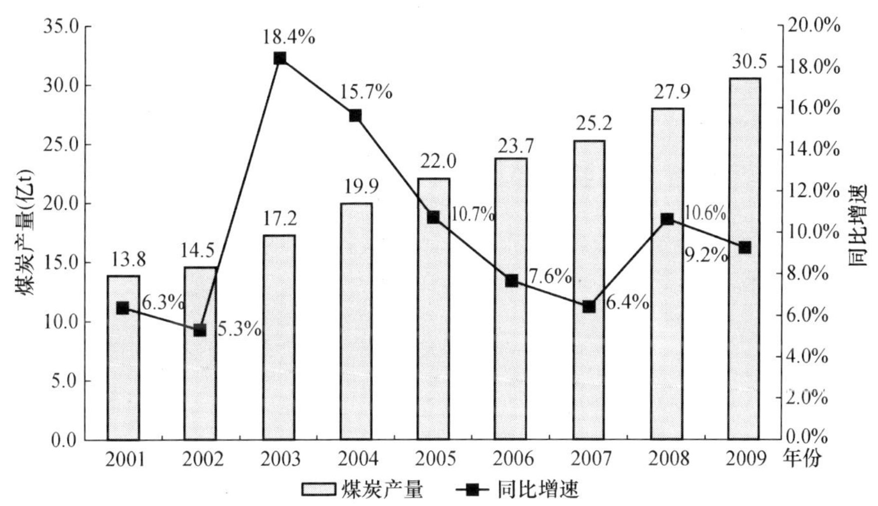

图 1-1　2001 年以来我国煤炭产量及同比增长情况

就各月煤炭生产情况（见图 1-2）来看，在经历了年初的放假停产及安全整顿之后，各月煤炭产量同比呈稳步增长趋势。

（二）煤炭生产构成

2009 年，国有重点煤矿累计生产煤炭 15.2 亿 t，占总产量的

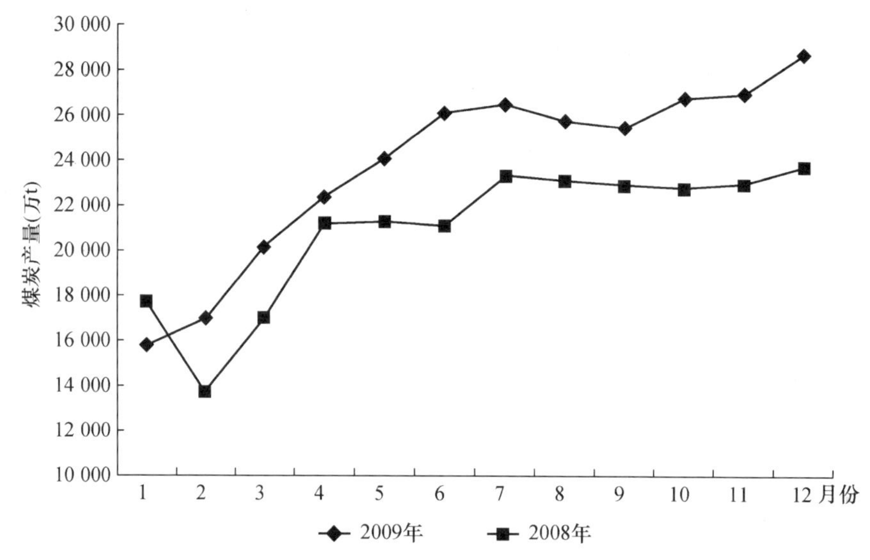

图 1-2 各月煤炭产量走势（快报数）

49.8%；国有地方煤矿累计生产煤炭 3.7 亿 t，占总产量的 12.0%；乡镇煤矿累计生产 11.7 亿 t，占总产量的 38.2%。

近年来，随着煤炭行业资源整合的不断推进，国有重点煤矿的产量稳步增长，在全国煤炭总产量中所占的比重不断提高；乡镇煤矿的产量占全国的比重相对稳定，保持在 37%～38.2%范围内，比重依然偏高。近年来我国煤炭生产构成情况如图 1-3 所示。

（三）煤炭生产分布

2009 年，我国煤炭生产分布基本保持不变，主要集中在西部、北部、西南、中部和东部的煤炭资源大省，但煤炭生产向西部和北部地区集中的趋势明显。2009 年，晋陕蒙宁新地区煤炭产量同比增长了 1.6 亿 t，占全国新增煤炭产量的 64.7%。京津冀鲁地区、华东地区❶、华中东四省（豫鄂湘赣）地区新增煤炭产量仅占全国新增产量

❶ 本报告中的地区划分以电网覆盖范围为依据，如华东地区指华东区域电网覆盖地区（包括上海、江苏、浙江、安徽、福建），南方地区指南方区域电网覆盖地区（包括广东、广西、云南、贵州、海南）。

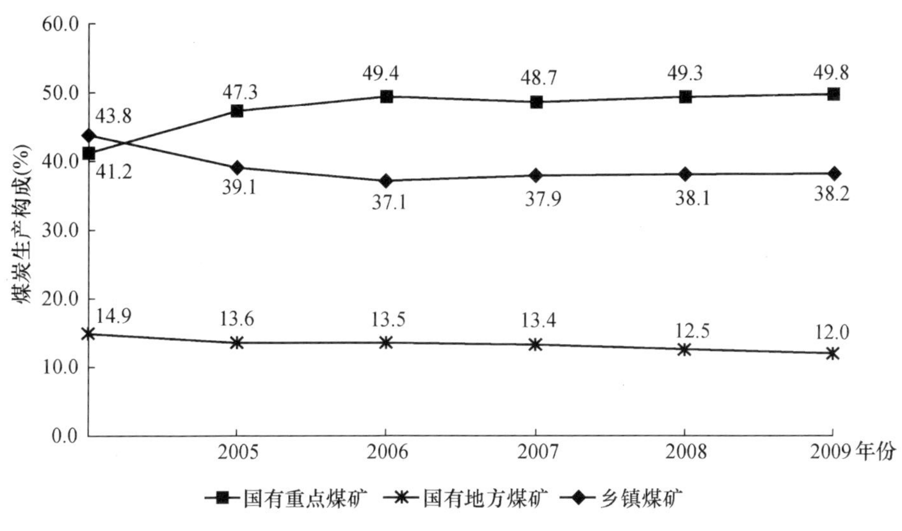

图1-3　近年来我国煤炭生产构成情况

的4.6%、5.2%、11.7%。近年来，我国各大电网覆盖地区煤炭产量占全国煤炭总产量的比重情况见图1-4。

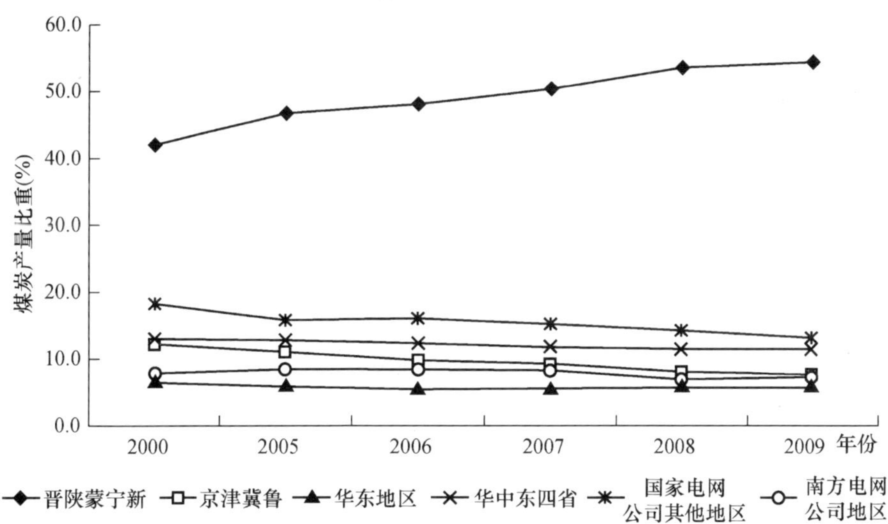

图1-4　2009年我国煤炭生产分布情况

在主要煤炭生产大省中，山西由于加大了煤炭资源整合力度，原煤产量有所下降；但内蒙古、陕西、贵州、新疆、河南、宁夏、安徽等省（市/自治区）原煤产量均有不同程度的增长，从而带动了全国原煤产量较快增长。2009 年，内蒙古煤炭产量同比增长超过 1 亿 t，占全国新增煤炭产量的 40.6%，是煤炭产量增长最大的省（自治区）（见图 1-5）。

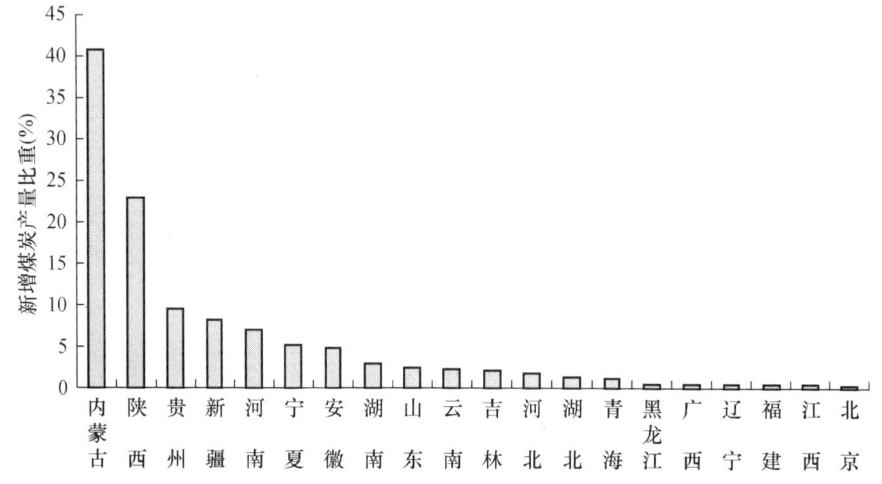

图 1-5　2009 年各省（市/自治区）新增煤炭产量占全国新增煤炭产量的比重

2009 年，我国煤炭产量超过 1 亿 t 的主要有山西、内蒙古、陕西、河南、山东、贵州和安徽等 7 个省（市/自治区）；煤炭产量大于 5000 万 t 而小于 1 亿 t 的主要有黑龙江、四川、新疆等 8 个省（市/自治区），其中宁夏煤炭产量在 2009 年突破 5000 万 t。2009 年我国煤炭生产地区分布如图 1-6 所示。

1.1.2 煤炭消费

（一）总体情况

2009 年，我国煤炭消费量估计约为 31.7 亿 t，同比增长 15.7%。2001 年以来，我国煤炭消费量稳步增长，但煤炭消费增速在 2003—

2008年间持续下降。2008年，受国际金融危机的影响，煤炭消费量同比增速仅为6.0%，达到2003年以来的最低点。2009年，受国内经济快速发展、夏季高温及冬季严寒天气的影响，全年煤炭消费快速增长，消费增速出现较大反弹。近年来我国煤炭消费的变化情况如图1-7所示。

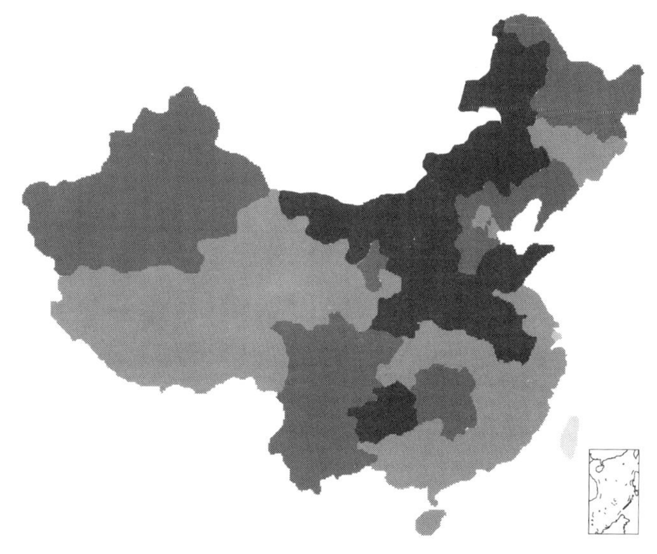

图1-6 2009年我国煤炭生产地区分布

（二）主要行业用煤情况

2009年，电力、钢铁、建材、化工等四大耗煤行业的产量均有较大增长。其中，6000kW及以上火电厂发电量同比增长6.7%；粗钢产量同比增长13.5%；水泥产量同比增长17.9%；化肥产量同比增长16.3%。结合各行业的产量增长及能耗下降情况，估计2009年四大耗煤行业共消费煤炭约为27.1亿t，同比增长11.2%，占全国煤炭总消费量的85.5%。电煤（含发电和供热用煤）消费约占四大

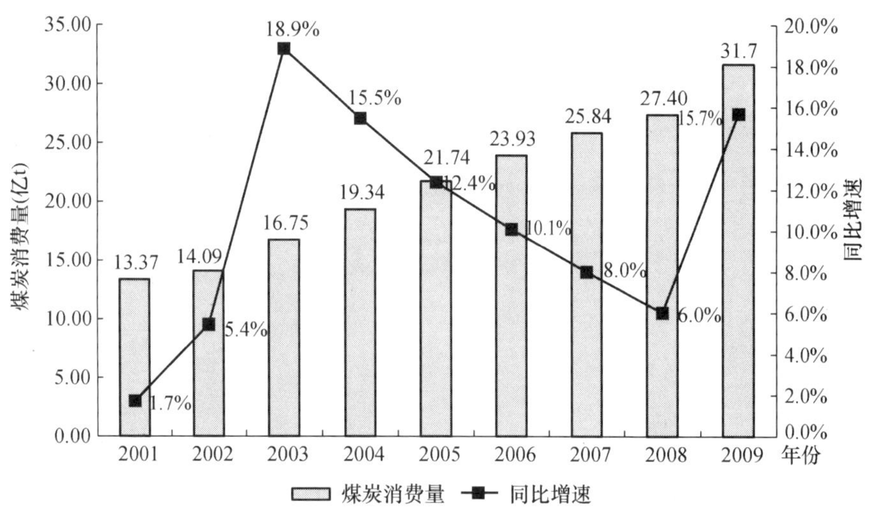

图 1-7　近年来我国煤炭消费的变化情况

行业煤炭总消费量的 59.1%，占全国煤炭总消费量的 50.5%。2009 年我国主要行业煤炭消费情况如图 1-8 所示。

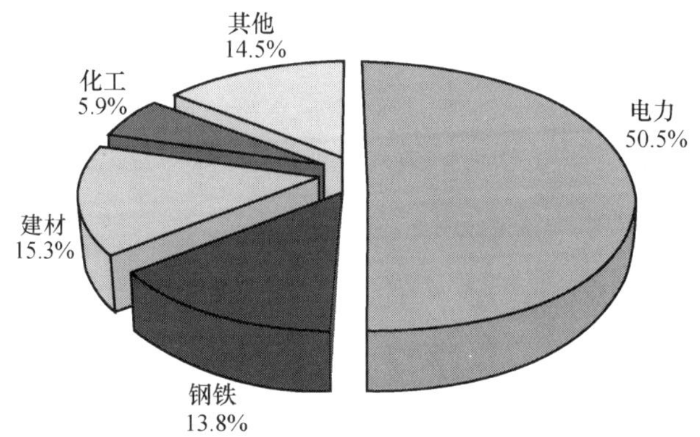

图 1-8　2009 年我国主要行业煤炭消费情况

（三）煤炭库存状况

2009 年底，全社会煤炭库存约为 17 150 万 t，同比减少 1650 万 t，下降 8.8 个百分点，下降幅度较大。

逐月来看，在 2009 年 10 月前，全社会煤炭库存小幅波动但保持高位，11、12 月，在煤炭需求快速增长、运输受天气影响等情况下，库存出现快速下降。2009 年全社会煤炭库存情况如图 1-9 所示。

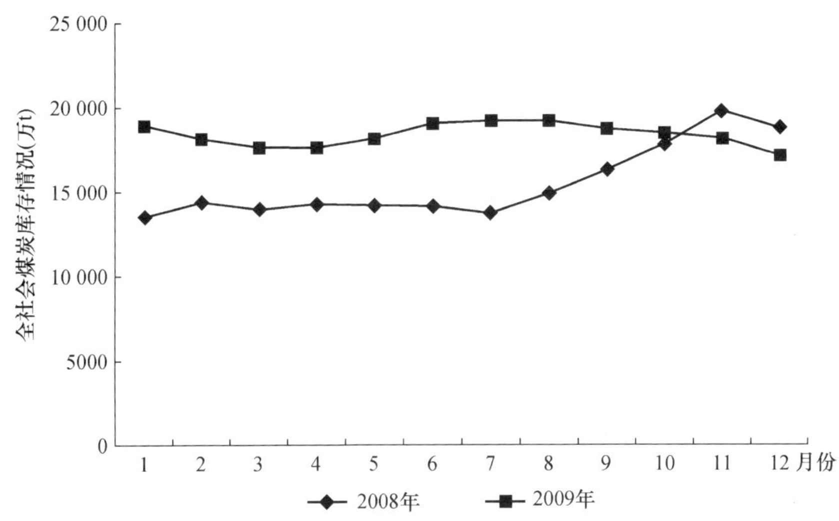

图 1-9 2009 年全社会煤炭库存情况

直供电厂库存同比大幅下降。截至 2009 年 12 月底，直供电厂煤炭库存为 2417 万 t，同比下降 50.4%。按 12 月全国电煤平均日耗 246.5 万 t 的水平，电煤库存可用天数仅为 8.7d。全国主要煤炭发运港口煤炭库存为 1436 万 t，按照 12 月主要港口日均煤炭发运量（144 万 t）计算，煤炭库存的周转天数不足 10d，处于偏低水平。2009 年底全社会煤炭库存情况如图 1-10 所示。

（四）煤炭消费地区分布情况

2009 年，我国各地区煤炭消费格局基本保持不变，煤炭消费主要集中在煤炭资源匮乏的东中部经济发达地区。2009 年，我国经济发展水平相对较高的东中部 13 省市（京津冀鲁、华东地区、华中东四省[1]）煤炭消费量约为 16.5 亿 t，同比增长 14%，占全国煤炭消费

[1] 指河南、湖北、湖南和江西四省。

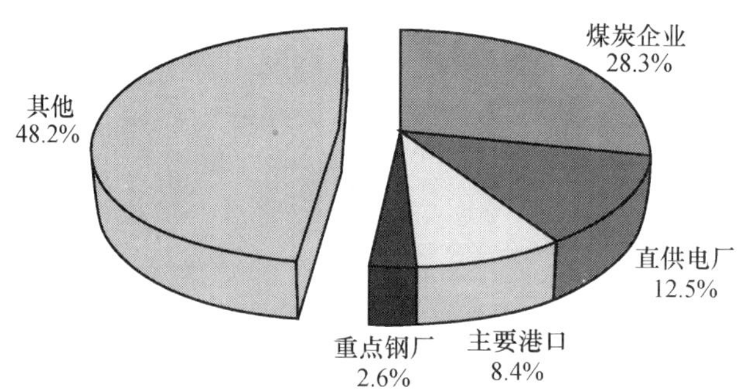

图 1-10　2009 年底全社会煤炭库存情况

总量的 52.1%。煤炭资源丰富、煤炭产量大的晋陕蒙宁新地区煤炭消费量约为 5.7 亿 t，同比增长 8.8%，占全国的 18.0%。2000 年以来主要地区煤炭消费变化情况如图 1-11 所示。

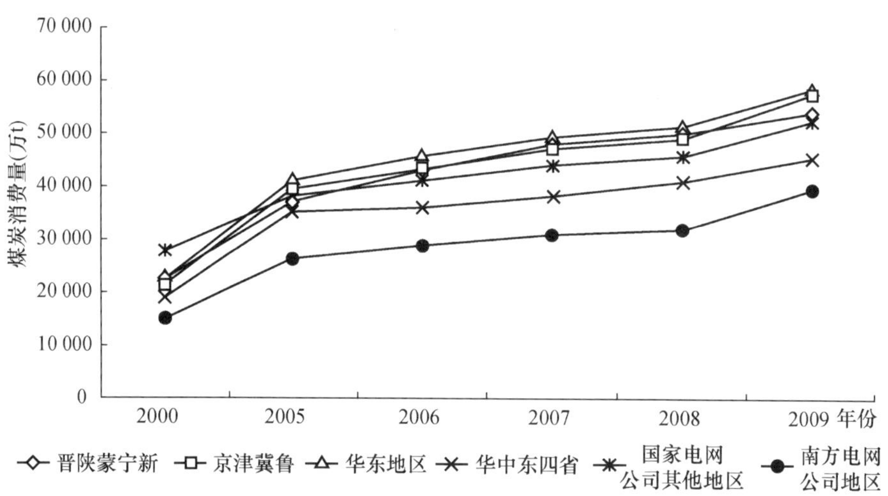

图 1-11　主要地区煤炭消费变化情况

2009 年我国煤炭消费量超过 1 亿 t 的省（市/自治区）有 9 个，依次是山东、山西、江苏、河北、河南、内蒙古、辽宁、浙江、广东，其中只有山西和内蒙古处于我国西部和北部的主要煤炭产区，其余大多为东中部煤炭资源匮乏地区。2009 年我国煤炭消费地区分布如图 1-12 所示。

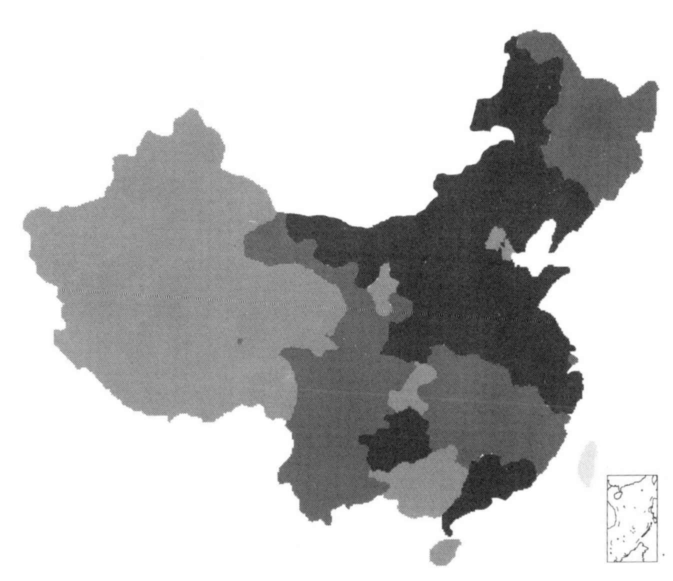

● 消费量>1亿t的省（市/自治区）　● 消费量在0.5亿~1亿t范围内的省（市/自治区）
● 消费量<0.5亿t的省（市/自治区）　● 没有统计资料的省（市/自治区）

图 1-12　2009 年我国煤炭消费地区分布

1.1.3　煤炭进出口

（一）进出口情况

据海关总署统计，截至 2009 年底，我国煤炭出口为 2240 万 t，同比下降了 56.1%；煤炭进口为 1.26 亿 t，同比增长了 211.9%。2009 年，我国煤炭净进口总量高达 10 343 万 t，成为煤炭净进口国。近年来我国煤炭进出口情况如图 1-13 所示。

（二）进出口形势分析

2009 年，我国煤炭价格在国内高需求的支撑下继续保持高位运行，而 2008 年金融风暴发生后国际煤炭价格及航运费出现大幅下降，导致上半年国内外煤炭价差拉大，下半年国际煤价虽有反弹回升，但仍低于国内煤价。国内外煤价差，国际煤炭市场需求疲软，国内煤炭需求保持高位是造成 2009 年我国煤炭进口大幅增长、出口大幅下降

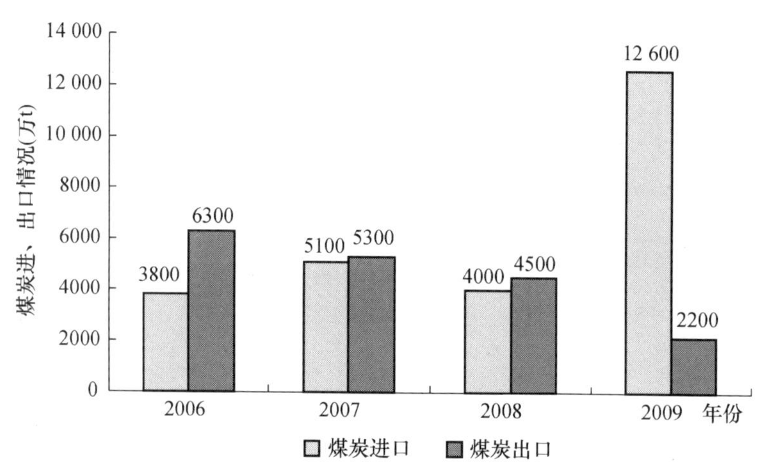

图 1-13　近年来我国煤炭进出口情况

的主要原因。

2009 年，我国煤炭进口虽然出现了激增，但占全国煤炭总消费量的比重较小，约为 4.0%，并没有改变我国“北煤南运、西煤东运”的基本运输格局。

煤炭出口大幅回落。我国煤炭主要出口到韩国和日本。2009 年，韩国和日本受金融危机的影响，煤炭需求疲软，从我国进口的煤炭量同比下降了 45.6%，但依然占我国煤炭出口总量的 72.7%。

2009 年，各月煤炭出口基本都低于 2008 年同期，降幅以 5—7 月最为显著，其中 6 月煤炭出口降幅达到 580 万 t。2009 年各月煤炭出口情况如图 1-14 所示。

煤炭进口大幅增长。2009 年，受金融危机的影响，国际煤炭市场需求疲软，国际煤炭出口商积极开拓中国市场及国内外煤价差拉大等因素，导致我国煤炭进口大幅增长。2009 年，我国从澳大利亚、印度尼西亚、越南、俄罗斯进口的煤炭量占全国进口总量的 87.5%，同比增长 240.6%。

2009 年，各月煤炭进口基本都高于 2008 年同期，并于 6 月后增幅加大，其中，6 月增幅为 1329 万 t，12 月高达 1371 万 t，为全年之最。

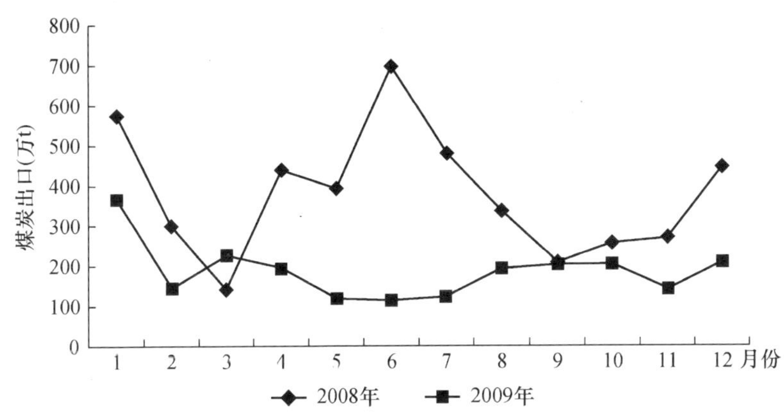

图 1-14　2009 年各月煤炭出口情况

1.1.4　煤炭价格

2009 年，我国煤炭价格呈现前期小幅波动、后期大幅上扬的变化趋势。年初，受乡镇煤矿放假、停产、安全生产等因素对原煤生产的影响，山西省内重点地区的煤炭资源呈现偏紧局面，大同、朔州等主要地区煤炭出矿价格出现小幅上涨。

4 月，煤矿安全生产等问题对原煤生产的影响依然明显，晋北地区的煤炭资源继续呈现偏紧局面，大同、朔州等主要地区煤炭出矿价格保持高位运行。秦皇岛、天津、唐山等重点煤炭集散地区市场动力煤的交易价格普遍上涨，并带动了主要消费地区的价格上涨。

5 月，广东、浙江等主要煤炭消费地区沿海各港，受进口煤炭数量增大、价格较低的影响，煤炭交易价格出现下滑。

7 月后，受煤炭需求快速增长的影响，广东、浙江等主要消费地区煤炭价格有所上升。

10 月，重点资源地区山西的大同、朔州地区和内蒙古的鄂尔多斯、准格尔地区的煤炭出矿价格普遍上涨；秦皇岛、天津、唐山等重点煤炭集散地区市场动力煤的交易价格持续回升，并带动下游重点消费地区广东和浙江沿海各港的煤炭交易价格上涨。

11、12 月，在煤炭需求保持高位的作用下，国内重点地区市场煤的供求关系保持“卖方市场”格局，交易价格继续上扬，重点煤炭消费地区煤炭价格在上游价格上涨及海运价格上涨的影响下，出现大幅上涨，而上游又受下游价格上涨的拉动，价格上涨，形成了煤炭价格上涨的“正循环”。

到 12 月底，山西大同 5500kcal/kg 煤炭车板价为 580～590 元/t，比年初上涨了 36%；秦皇岛港 5500kcal/kg 煤炭平仓价在 770～790 元/t 范围内，比年初上涨了 32.2%；主要消费地区的宁波、广东港煤炭提货价也比年初上涨了 34.6%、25.5%。我国主要地区煤炭价格变化情况如图 1-15 所示。

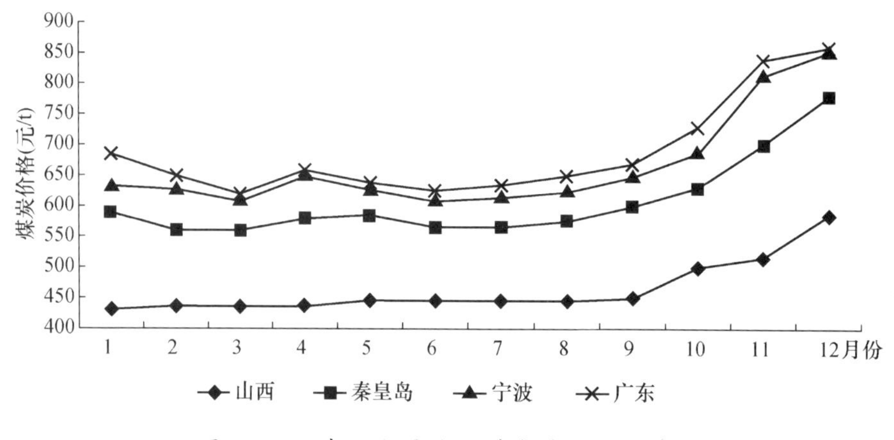

图 1-15 我国主要地区煤炭价格变化情况

1.1.5 直供电厂电煤供需情况

2009 年，直供电厂电煤供需在年初和年终两端紧张，中间相对平稳，年底华中地区出现较严重的电煤供应不足、缺煤停机现象。2009 年向直供电厂累计供煤 68 234 万 t，直供电厂累计耗煤70 558万 t。2008、2009 年直供电厂各月电煤供应与消耗情况如图 1-16 所示。

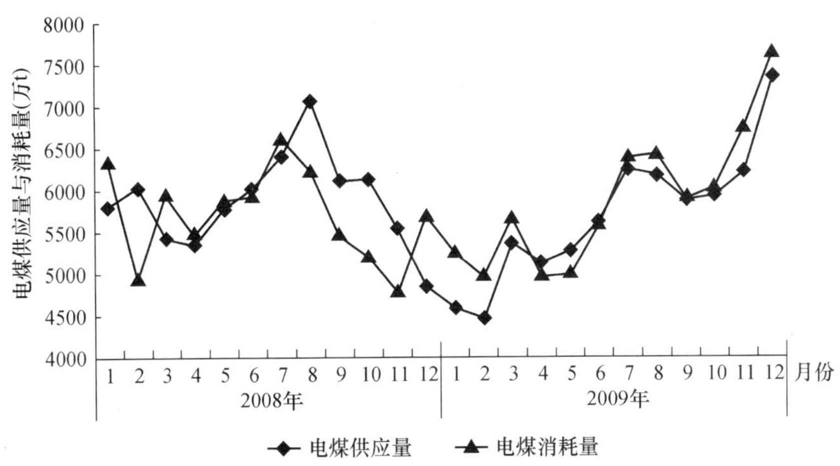

图 1-16　2008、2009 年直供电厂各月电煤供应与消耗情况

1.1.6　煤炭运输

长期以来，我国煤炭运输呈现“北煤南运、西煤东运”的基本格局。煤炭运输主要有铁路、水运和公路三种方式，其中，铁路和水运是我国最主要的运煤方式，公路运输以短途集散为主。2009 年，全国铁路煤炭运输小幅增长；受煤炭进出口等因素的影响，主要港口煤炭发运量同比出现下降。

（一）煤炭铁路运输情况

截至 2009 年底，全国铁路营业里程达 7.8 万 km，其中，复线达 2.7 万 km，复线率为 35%；电气化铁路达 2.5 万 km，电气化率为 32%。

2009 年，全国铁路煤炭发送量完成 174 881 万 t，同比增加 2039 万 t，增长 1.2%，其中，电煤发送量完成 113 929 万 t，同比减少 4234 万 t，下降 3.6%。主要煤运通道中，大秦线累计完成运量 3.3 亿 t，同比减少 0.1 亿 t，下降 3.0%；候月线累计完成 1.6 亿 t，同比减少 0.3 亿 t，下降 16.5%。

（二）沿海煤炭运输情况

2009 年，全国主要港口累计完成煤炭发运 46 669 万 t，同比减少

4282万t，下降8.4%。其中，内贸煤炭发运累计完成44 248万t，同比减少2030万t，下降4.4%；外贸煤炭发运累计完成2421万t，同比减少2252万t，下降48.2%。

1.2 天然气供需情况

1.2.1 天然气消费

2009年，我国天然气需求旺盛。全年消费天然气887亿m^3[1]，同比增长9.1%。随着经济社会的发展，近年来，我国天然气消费区域不断扩大，消费结构逐步优化。

天然气消费区域不断扩大。截至2009年底，我国天然气消费量超过10亿m^3的省（市/自治区）达到20个。其中，四川仍是我国天然气消费量最大的省份，其天然气消费量超过110亿m^3，约占全国天然气消费量的14%；江苏、北京的天然气消费量分别列第2位和第3位，分别超过59亿m^3和55.8亿m^3。

天然气消费结构逐步优化。在国家《天然气利用政策》的指导下，随着城市环保和人民生活水平的提高，城市燃气比重快速增长，工业和化工用气比重快速下降。2008年，全国城市燃气（居民、公共福利、CNG汽车、采暖以及城市小工业）消费量为258亿m^3，占全国天然气消费总量的33.2%；工业消费量为206亿m^3，占26.4%；化工消费量为172亿m^3，占22.1%；发电消费量为143亿m^3，占18.3%。2000年以来我国天然气消费结构变化如图1-17所示。

2009年底的天然气供应紧张及其原因分析。进入11月后，我国出现长时间大范围雨雪天气，造成华北、“两湖”地区、西北和华东地区天然气使用量猛增，超出天然气供应能力。为应对民用天然气需

---

[1] 国家统计局.2009年国民经济和社会发展统计公报.2010年2月25日.

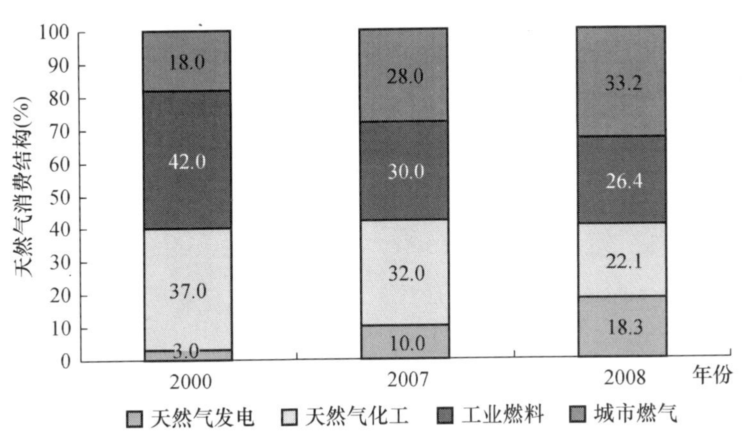

图1-17 2000年以来我国天然气消费结构变化

求猛增的情况，国内四大油气田满负荷生产，各输气管道满负荷运行，全力保障天然气供应，同时适当压减其他地区和工业、发电用气。中石油对华北地区采取了积极的短期应对措施，各储气库紧急采气，截至11月16日，各储气库累计采气8229万m^3，最高日均采气量达到1600万m^3/d。

这次“气荒”凸显出我国天然气工业快速发展的同时仍存在很多亟待解决的问题：

调峰能力不足问题。天然气调峰能力是指当需求出现激增时的供应保障能力。调峰能力不足是这次供气紧张的直接原因。这次“气荒”中，北京市场天然气供应相对平稳，供应紧张的主要是长江三角洲地区和“两湖”地区。这是因为往北京供气的陕京线在设计时就充分考虑了北京冬季采暖与夏季用气的峰谷差，配套建设了大港、华北两大储气库，通过紧急启动两大储气库释放瞬间供应能力，保证了北京地区2009年11月因大雪而激增的天然气需求；长江以南地区冬季通常没有采暖需求，天然气季节性峰谷差较小，输气管道建设时没有配备充足的配套储气设施，导致了这次极端天气下天然气高峰供应能力不足引发的“气荒”。另外，我国欠发达的输气管道也是导致供气调峰能力不足的重要原因。国内天然气管道布局比较分散，且生产和运输由各大石油公司独立运营，管网之间缺乏联系，无法形成“联网”效应，难以灵活机动地调配资源，从而限制了天然气高峰供应能力。

价格问题。这是供气紧张的深层次原因。长期以来我国天然气价格形成机制的不完善损害了天然气市场的健康发展。在等热值情况下，单位热值煤炭价格为 1.49 元，汽油价格为 12.64 元，柴油价格为 16.86 元，天然气价格为 2.16 元❶。相比之下，天然气价格是汽油的 1/6，是柴油的 1/8，比煤炭略高。相对便宜的价格以及清洁高效的特质使终端消费市场更愿意使用天然气替代其他能源，从而刺激了消费市场的扩大，使天然气消费需求逐渐超过了上游的生产能力，最终导致了“气荒”的产生。

未来，为应对“气荒”的再次发生，应着力做好以下工作：

（1）加大天然气资源勘探开发力度。

（2）增加天然气进口。

（3）加快天然气管道建设。

（4）加快配套储气设施建设。

（5）深化天然气价格形成机制改革。

1.2.2 天然气生产

2009 年，我国天然气累计产量为 830 亿 m^3，同比增长 7.7%。近几年我国天然气总产量及增长情况如图 1-18 所示。

2009 年，中石油的天然气产量约占全国的 80.2%，中石化的占全国的 10.2%，中海油的占全国的 9.3%，其他的占 0.3%。2009 年我国

❶ 董秀成，李君臣．我国“气荒”的原因及对策．天然气工业，2010，30（1）：116～118.

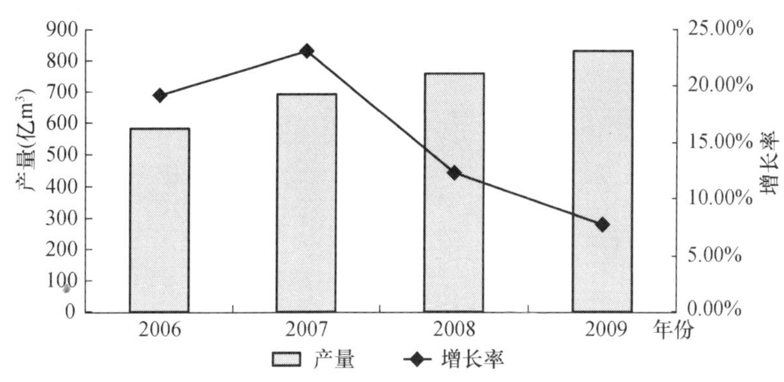

图 1-18　近几年我国天然气总产量及增长情况

天然气生产情况如图 1-19 所示。

在各油气区中，川渝、塔里木、长庆三大气区仍然是全国的主力气田，天然气产量均超过 100 亿 m³，分别达到 171.6 亿、173.83 亿、143.79 亿 m³。

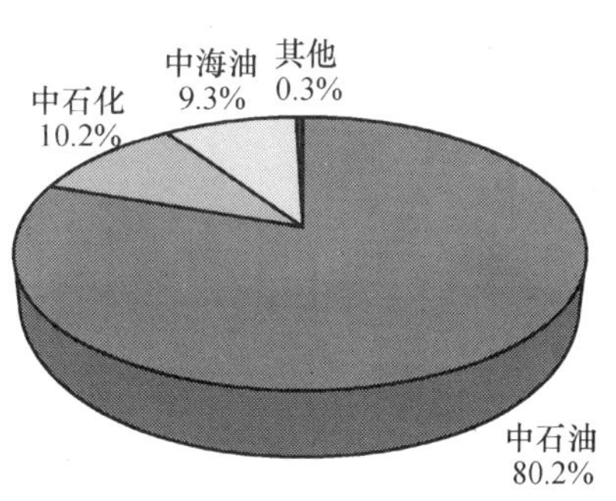

图 1-19　2009 年我国天然气生产情况

1.2.3　天然气输送

全国性天然气管网已初具规模。截至 2008 年底，我国天然气管道总长度达到 3.5 万 km，总输送能力约为 810 亿 m³。我国已初步形成了以西气东输、陕京一二线、忠武线、涩宁兰线两纵两横干线管道，以及冀宁线、淮武线两条联络管道为主框架的全国性天然气管网雏形，建成了川渝、华北、长江三角洲等比较完善的区域性管网，完成了中南、珠三角地区的区域性天然气管网主体框架，基本保证了天然气的稳定供应。未来，随着西气东输二线、川气东送、中亚、中缅、中俄等长距离输送管线的相继建成投产，我国天然气管网系统建设将进入一个新的阶段。

配套天然气调峰设施建设已经起步。截至 2008 年底，我国已建成7座地下储气库，集中分布在大港油田，总库容为67.15亿m^3。正在建设中的金坛、刘庄两座盐穴地下储气库将成为西气东输的重要配套调峰设施。金坛储气库工程分两个阶段建设，2005—2010年为一期工程，2011—2020年为二期工程；刘庄储气库工程计划2010年开工，2011年完工。

1.2.4 天然气价格

2009年，我国各主要城市民用天然气价格变化不大。在各地区城市民用天然气价格分布中，西部地区和川渝地区的天然气价格较低，低于2元/m^3；中部地区和京津冀地区天然气价格低于2.5元/m^3；广东、广西和福建地区民用天然气价格较高，广州、深圳、南宁、福州的价格分别达到3.45、3.5、4.6、3.65元/m^3。2009年8月全国各主要城市民用天然气价格如表1-1所示。

表1-1 2009年8月全国各主要城市民用天然气价格 元/m^3

城　市	价　格	城　市	价　格
北　京	2.05	深　圳	3.5
哈尔滨	2.0	广　州	3.45
长　春	2.0	福　州	3.65
沈　阳	2.4	南　宁	4.6
天　津	2.2	海　口	2.6
石家庄	2.2	合　肥	2.1
大　同	2.0	武　汉	2.3
郑　州	1.9	西　宁	1.25
济　南	2.4	重　庆	1.4
上　海	2.5	成　都	1.43
杭　州	2.4	西　安	1.75
长　沙	2.36	兰　州	1.45
南　京	2.2	银　川	1.4

目前，国内天然气价格中的出厂价和管输价由国家发展改革委确

定，根据开采成本和运输距离，实行一线一价。各地管道天然气价格普遍在1.5～5元/m^3不等。近年来，由于国内天然气消费需求的快速增长，我国天然气价格上涨压力越来越大。受天然气管道输送能力、储气规模不足等因素的影响，2009年底，武汉、重庆、西安、南京、杭州等地相继出现了天然气供应紧张问题，国内天然气批发价格在半个月内平均暴涨500～700元/t，平均涨幅超过20%。

1.2.5 发电用气供应情况

2008年，我国天然气发电用气为143亿m^3，比2007年发电用气135亿m^3增加约8亿m^3，约占全国天然气消费量的18.3%，同比增长8.3%。

就各地区分布来看，我国天然气发电装机主要分布在华东沿海地区及天然气管道沿线重点城市地区。

1.2.6 天然气重点工程进展情况

近年来，我国天然气管道工程建设不断加快，一批国内和国际重点工程的开工或建成，对于满足我国日益增长的天然气需求和改善能源消费结构将产生积极的影响。

西气东输二线工程。2009年2月东段工程开工，6月西段主体完工，12月中国—中亚天然气管道正式通气。项目在2012年全线建成投产后，将从土库曼斯坦等中亚国家每年引进约300亿m^3天然气。

川气东送“大动脉”竣工。2009年10月，川气东送工程——普光至上海全长超过1600km的川气东送管道主干线实现全线贯通，达到了投产要求。川气东送主干线管道起于四川普光，终于上海，设计输气能力为每年120亿m^3，增压后可达到170亿m^3。

中国最大的凝析气田投产试运行。我国目前发现的最大凝析气田——中国石油塔里木油田迪那2气田于2009年投产试运行。迪那2气田是新疆塔里木盆地投产的又一个天然气储量超1000亿m^3的大气田。油气处理厂建成后，可年产天然气50亿m^3，油气当量达到456万t。

中缅油气管道9月全面开工，3年内有望打通。中缅原油管线在缅甸境内的起点——马德岛的码头工程于2009年10月31日正式开工建设。缅甸西海岸—曼德勒—云南瑞丽—昆明石油管线，全长约为1100km，初步设计每年可以向国内输送2000万t原油。

1.3 水电站运行情况

2009年，我国水电站水库来水时空分布不均，西北地区偏丰，其余地区均出现不同程度的偏枯，总体比常年偏枯10%左右。2009年国家电网公司统调水电完成发电量3253.59亿kW·h，同比增长5.8%，其中，华中、西北电网分别同比增长10.94%、25.19%，华东、东北电网则分别同比减少10.03%、6.90%，三峡年上网电量完成790.68亿kW·h，同比减少1.07%。2009年底，国家电网公司区域内重点水电站总可调水量和蓄能值分别为835.05亿m^3和171.19亿kW·h，分别同比减少31.05亿m^3和7.49亿kW·h。2009年，南方电网地区水电站水库来水偏少，6000kW及以上水电发电量同比减少了44亿kW·h。2009年国家电网公司统调水电运行情况汇总如表1-2所示。

表1-2 2009年国家电网公司统调水电运行情况汇总

统计内容			三峡	华东	华中	东北	西北	国家电网公司合计
来水情况	比2008年同期增长	%	−9.28	−11.61	−7.21	28.18	26.59	−2.54
	比多年同期增长	%	−13.17	−28.15	−16.94	−23.32	21.13	−10.84
发电情况	统调发电量	亿kW·h	790.68	399.28	1373.53	83.48	510.95	3253.59
	比2008年同期增长	亿kW·h	−8.52	−44.54	135.49	−6.19	102.80	178.48
		%	−1.07	−10.03	10.94	−6.90	25.19	5.80

续表

统计内容			三峡	华东	华中	东北	西北	国家电网公司合计
年末蓄水蓄能情况	可调水量	亿 m^3	172.22	89.19	265.85	120.25	187.54	835.05
	比 2008 年同期增长	亿 m^3	2.30	−6.91	−77.27	10.15	40.67	−31.05
	蓄能量	亿 kW·h	40.58	14.73	55.82	13.94	46.12	171.19
	比 2008 年同期增长	亿 kW·h	0.61	−1.38	−17.16	−1.60	12.04	−7.49

2009 年国家电网公司经营区域水电运行呈现如下特点：

(1) 总体气象年景偏差，灾害性天气对水电站运行造成较大影响。2009 年全国气温总体偏高，降水偏少，阶段性干旱突出，区域性极端天气多发。国家电网公司经营区域内，6 月下旬华北地区、7—9 月长江中下游地区持续高温，多个地区最高气温突破历史极值；8—11 月华中、华东地区出现严重秋旱；11 月中东部大部地区遭受罕见寒潮暴雪袭击，这给水电站运行带来了较大影响。

(2) 汛期来水较为平稳，各水电站实现安全度汛。年初黄河宁蒙河段开河平稳，具有开河早、开河历时长的特点，刘家峡水库严格按照黄河防总调令控制运行。长江中下游入梅偏晚且梅雨期短，属非典型性梅雨。三峡水库年内最大洪水出现在 8 月上旬，洪峰流量为 5.5 万m^3/s，洪水期间严格按照长江防总有关调令进行防洪调度，并尽量使机组满发、稳发，最高蓄洪水位为 152.89m，充分发挥了三峡水库汛期防洪、发电等综合效益。

(3) 三峡水库首次完成汛前高水位平稳消落，发电功率首次达到设计额定值，汛末继续按计划进行试验性蓄水，实现了三峡梯级枢纽和近区电网安全运行。5 月下旬至 6 月上旬为三峡水库集中消落期，水位日降幅要求严格，国家电网公司与三峡公司积极配合，较好地完成了水位消落任务，实现了首次高水位平稳消落目标。由于调洪需要，8 月上旬三峡水位上升到 152m 以上，三峡发电总功率也因此首次达到设计额定功率 1820 万 kW。三峡水库从 9 月 15 日开始进行 2009 年试验性蓄水，9 月底蓄至 157.50m，但由于国家防总 10 月三次紧急调令要求增加三峡出库流量，2009 年度最终未实现试验性蓄水 175m 的目标。

(4) 华中、华东电网地区出现罕见秋旱，汛末水库蓄水不足。 8—11 月，华中、华东电网重点水电站水库来水普遍偏枯 30%以上，湖北、湖南、江西电网重点水库甚至偏枯 50%～70%。尽管加强了发电控制，但由于来水持续偏枯，水库蓄水仍然不足，11 月底，华中、华东电网重点水电站合计可调水量和蓄能值分别同比减少 109.39 亿 m^3 和 22.59 亿 kW·h。

(5) 西藏中部电网降雨偏少，干旱严重，羊湖水位汛期回升少，年末水位创历史新低。 由于春季水库来水少，用电需求高，6 月 11 日，羊湖电站降至设计环保控制水位 4437.00m。入汛后，西藏地区气候异常，大部分地区气温偏高，降水偏少，出现了中到重度干旱，羊湖汛期最高水位只回升到 4437.06m。进入枯期后，羊湖水位持续下降，基本维持在 3 天下降 2cm，到年末为 4436.42m，创历史同期新低。

2

2009 年电源发展情况

2.1 电源建设情况

2.1.1 发电装机规模与结构

发电装机规模继续保持快速增长。截至 2009 年底，全国发电装机容量达到 87 407 万 kW，同比增长 10.2%。2001 年以来全国发电装机容量及同比增长情况如图 2-1 所示。

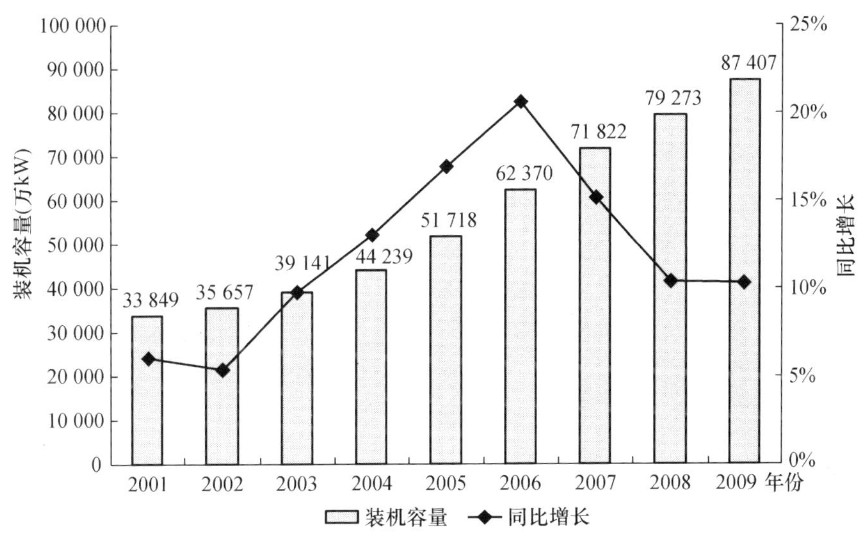

图 2-1　2001 年以来全国发电装机容量及同比增长情况

电源结构进一步优化。2009 年，我国水电装机容量达到 19 679 万 kW，同比增长 14.0%（其中，抽水蓄能发电装机容量为 1424.5 万 kW，同比增长 33.2%）；火电装机容量为 65 205 万 kW，同比增长 8.2%；核电装机容量为 908 万 kW，没有新增机组；风电并网装机容量为1613万kW，同比增长92.3%。水电、核电、风电等清洁能源发电装机容量占总装机容量的比重为25.4%，同比上升1.4个百分点；火电装机容量占总装机容量的74.6%，同比下降1.4个百分点。2007年以来各类发电装机容量的比重变化如图2-2所示。

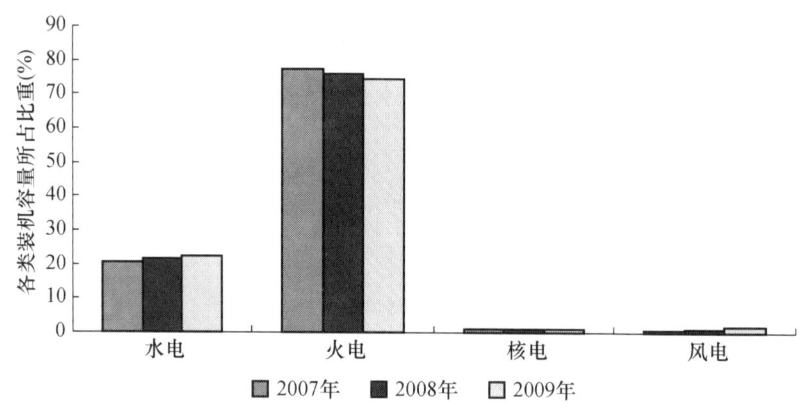

图2-2 2007年以来各类发电装机容量的比重变化

2.1.2 电源新增情况

2009年，全国新增装机容量达到8134万kW，同比增加683万kW。新增装机容量中，水电为2419万kW，占29.7%；火电为4919万kW，占60.5%；风电为774万kW，占9.5%。

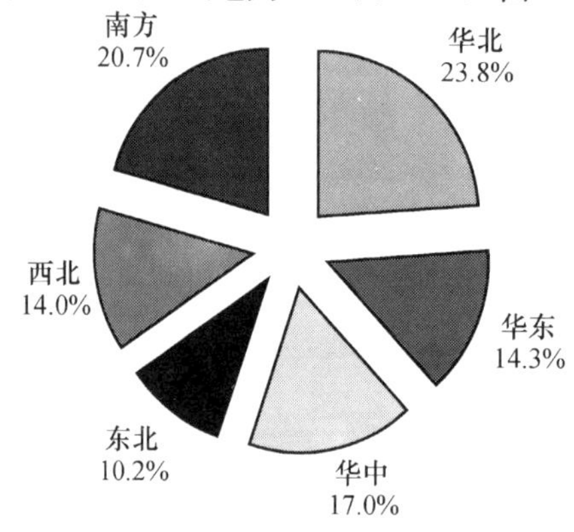

图2-3 2009年新增装机容量地区分布

分地区来看，华北地区新增容量最多，接近2000万kW，占全部新增装机容量的23.8%；其次是南方、华中、华东和西北地区，分别占20.7%、17.0%、14.3%和14.0%；东北地区新增机组相对较少，所占比重为10.2%。新增装机容量地区分布如图2-3所示。

2009 年，我国火电新增装机主要分布在山西、广东、河北、江苏、安徽、福建、浙江、天津、甘肃、内蒙古、山东、湖北、辽宁、陕西、吉林等省（市/自治区）。上述省（市/自治区）新增火电装机容量均超过了 200 万 kW，如图 2-4 所示。

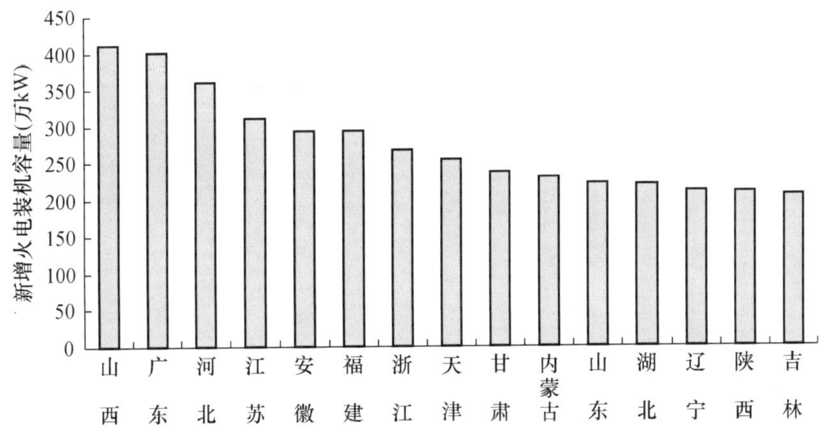

图 2-4 2009 年新增火电装机容量

2009 年，水电新增装机主要分布在四川、云南、贵州、青海、河北、广西、湖北、湖南等水能资源丰富的省（自治区）。2009 年新增水电装机容量超过 20 万 kW 的各省（自治区）如图 2-5 所示。

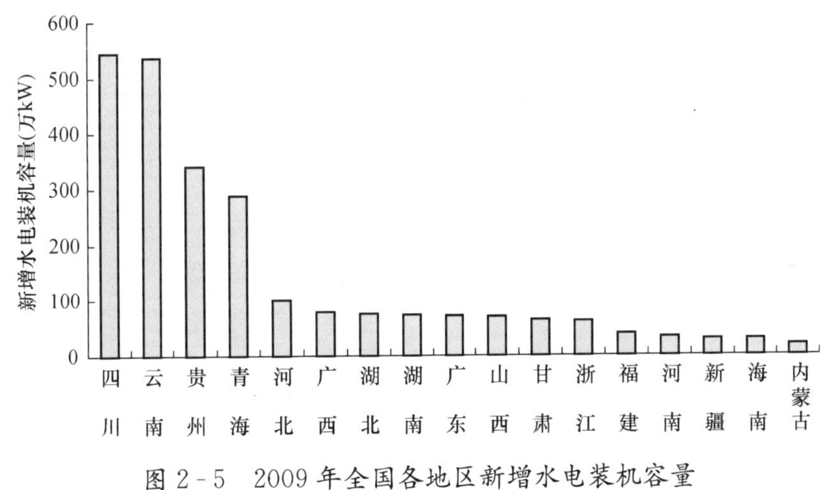

图 2-5 2009 年全国各地区新增水电装机容量

2009年，抽水蓄能新增装机主要分布在广东、河南、湖北、山西等省，其中，山西、湖南的抽水蓄能装机容量实现了零的突破。2009年新增抽水蓄能电站的各省分布如图2-6所示。

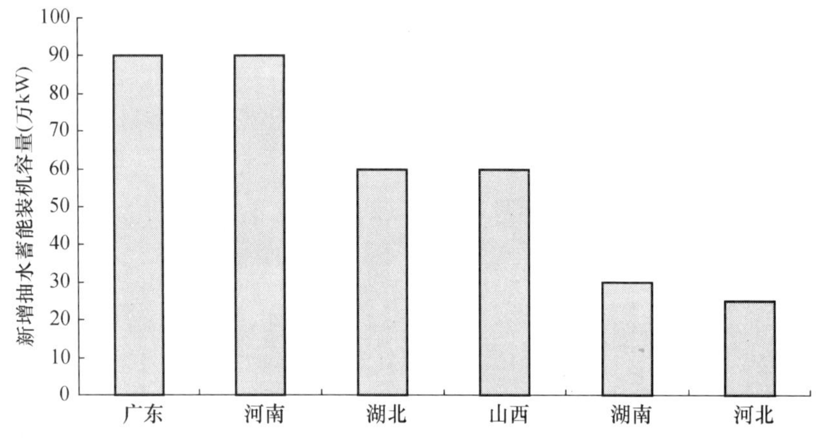

图2-6 2009年全国各地区新增抽水蓄能电站装机容量

2009年，风电新增装机主要分布在内蒙古、辽宁、黑龙江、吉林、河北、江苏等风能资源富集地区，其中，内蒙古风电新增并网容量最大。江西、山西、重庆、湖南等省实现了风电并网装机零的突破。风电新增装机容量超过10万kW的省（市/自治区）见图2-7。

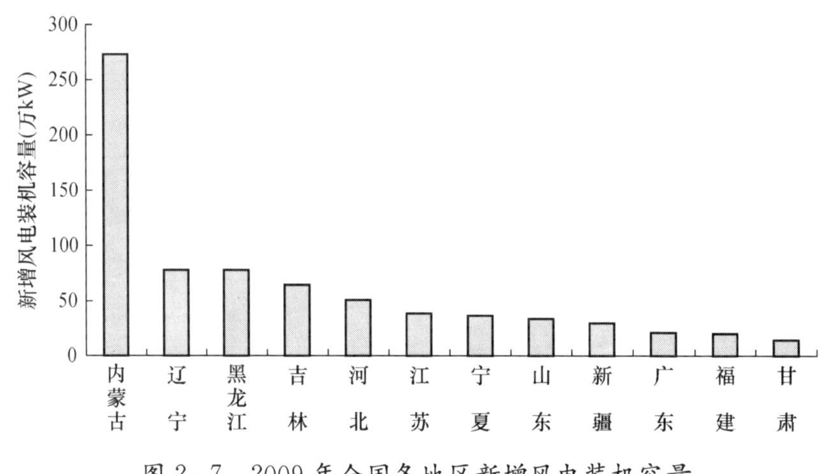

图2-7 2009年全国各地区新增风电装机容量

2.2 电源分布

2.2.1 总体情况

2009年，全国发电装机容量各地区分布未发生大的变化，华北、华东、华中电网依然是我国装机规模最大的三大区域电网，合计装机规模占全国的65.5%。华北、东北、西北、南方的发电装机容量占全国的比重分别同比上升了0.1、0.2、0.6、0.3个百分点，华东、华中的发电装机容量占全国的比重分别下降了0.7、0.4个百分点。2008年底和2009年底全国分地区发电装机容量分布对比情况如图2-8所示。

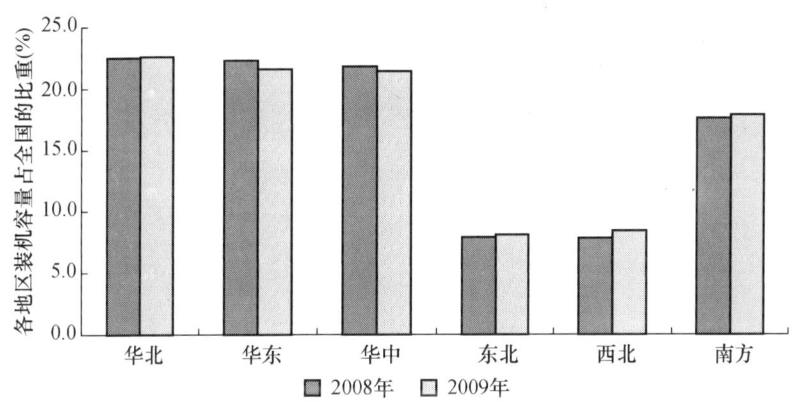

图2-8 2008年底和2009年底全国发电装机容量分布对比情况

在全国各省（市/自治区）中，广东、山东、江苏、浙江、内蒙古、河南、湖北、山西、四川、河北的发电装机容量较大。其中，广东和山东的装机容量分别达到了6508万kW和6000万kW。西藏的装机容量为54万kW，电源装机容量最小。2009年全国各省（市/自治区）装机容量如图2-9所示。

2.2.2 火电分布

我国火电装机容量主要分布在煤炭资源丰富的华北地区和经济发

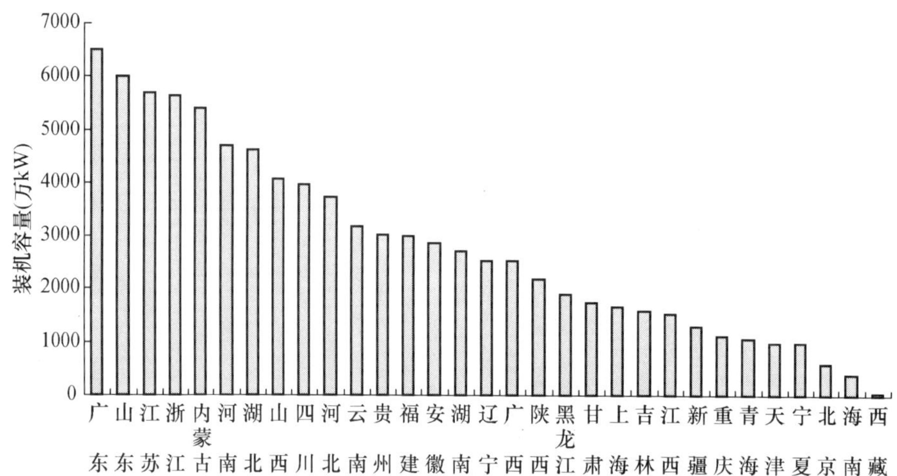

图 2-9　2009 年全国各省（市/自治区）装机容量

达的华东地区，2009 年两地区的火电装机容量分别占全国的 28.4% 和 24.4%。西北地区火电装机容量占全国的比重最小，但 2009 年增速最快。2008 年底和 2009 年底的全国各地区火电装机容量分布对比情况如图 2-10 所示。

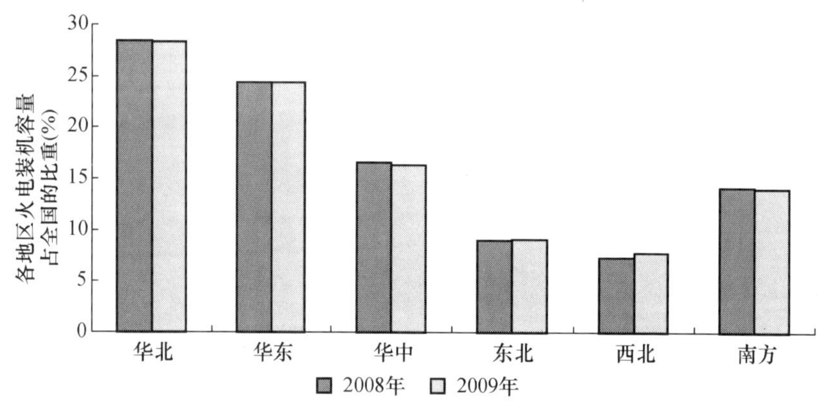

图 2-10　2008 年底和 2009 年底全国各地区火电装机容量分布对比

从各省（市/自治区）情况来看，山东和江苏是我国火电装机容量最大的两个省，装机容量突破 5000 万 kW。火电装机容量在4000 万～

5000万kW范围内的4个省（自治区）中，广东和浙江属于能源严重匮乏的省，内蒙古属于典型的火电送出地区。2009年全国各省（市/自治区）火电装机容量如图2-11所示。

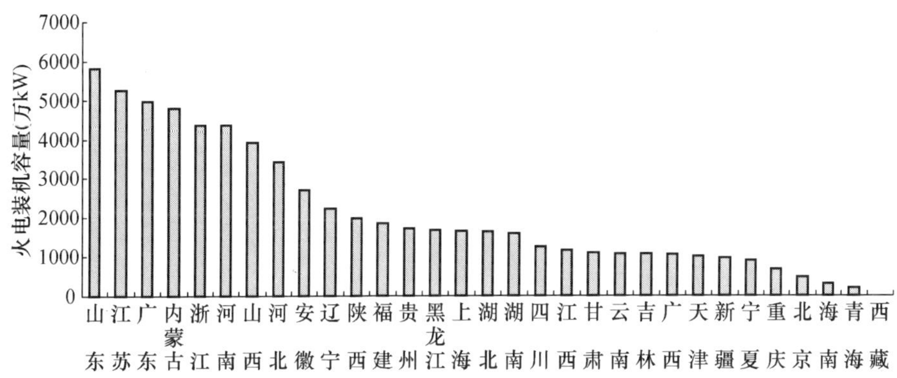

图2-11 2009年全国各省（市/自治区）火电装机容量

2.2.3 水电分布

华中、南方地区是我国水电装机容量最多的地区，分别占全国的40.7%、30.7%。2009年，南方、华北、西北地区水电装机容量占全国的比重分别上升了0.6、0.8、1.6个百分点，东北、华东、华中的水电装机容量占全国的比重下降了0.4、1.1、1.6个百分点。2008年底和2009年底全国水电装机容量分布情况如图2-12所示。

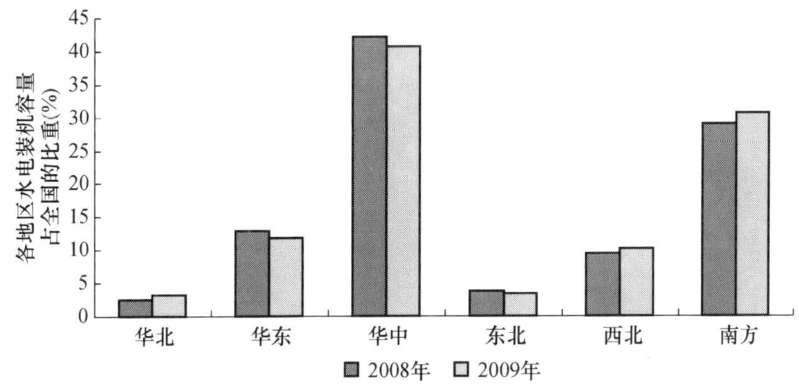

图2-12 2008年底和2009年底全国水电装机容量分布

从各省（市/自治区）情况来看，湖北是全国水电装机容量最大的省，达到了2979万kW。随着瀑布沟等一批水电项目的建成投产，四川的水电装机容量大幅上升，从2008年底的2185万kW增加到2009年底的2729万kW，接近湖北省的水电装机容量。云南由于华能景洪、小湾等水电站的部分建成投产，其水电装机容量也大幅增加，从2008年的1574万kW增加到2009年底的2113万kW。2009年全国各省（市/自治区）水电装机容量如图2-13所示。

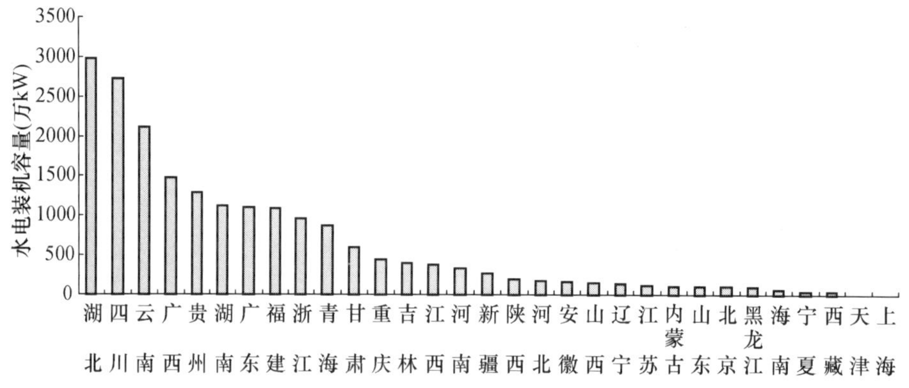

图2-13　2009年全国各省（市/自治区）水电装机容量

2.2.4　核电分布

2009年，全国没有新增核电机组投产，核电总装机容量仍维持在2008年底的水平，为907.82万kW❶。其中，浙江共301万kW，包括秦山核电厂31万kW、秦山第二核电厂130万kW、秦山第三核电厂140万kW；广东共394.82万kW，其中大亚湾核电厂196.76万kW、岭澳核电厂198.06万kW；江苏田湾核电站装机容量达212万kW。核电装机容量情况在这三个省份的分布如图2-14所示。

❶ 2009年，国家能源局电力司以《关于核定我国运行核电机组额定功率的函》致函中电联，明确了2009年7月底前全国在运核电机组额定功率最新核定数据为907.82万kW。

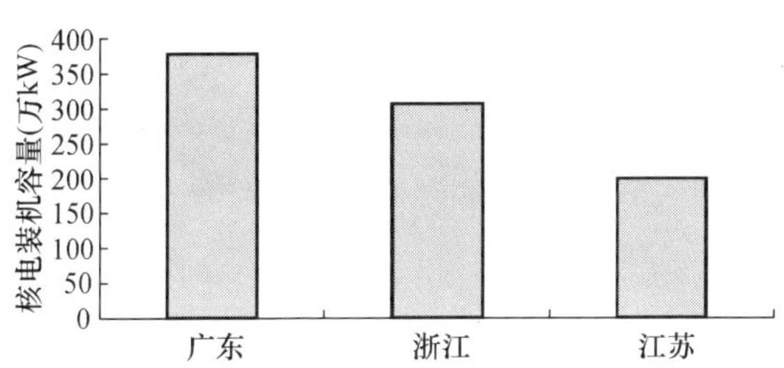

图 2-14 2009 年广东、浙江、江苏三省核电装机容量情况

2.2.5 风电分布

2009 年，华北、东北和西北地区的风电装机容量占全国的比重变化较大。华北地区仅蒙西风电装机容量大幅增加，占全国的比重由 35.35%降为 32.95%；东北的风电并网装机容量大规模增长，占全国的比重由 2008 年的 33.33%上升为 2009 年的 37.88%，成为全国风电装机容量最大的地区。西北的风电装机比重由 15.88%降为 13%。各地区的并网风电装机容量比重变化情况如图 2-15 所示。

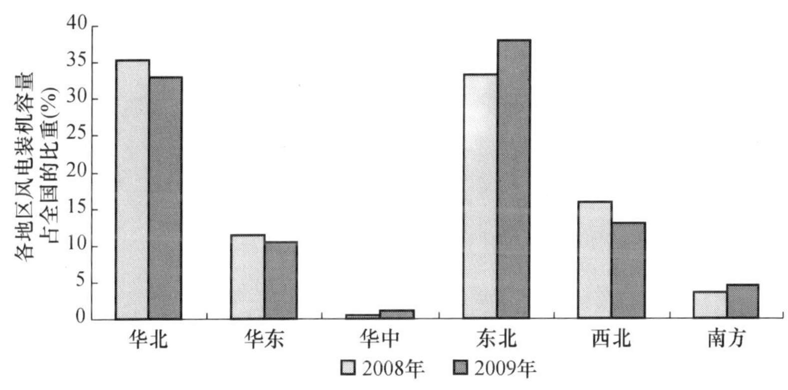

图 2-15 2008 年底和 2009 年底各地区风电装机容量比重变化情况

内蒙古、辽宁、吉林、黑龙江、河北、江苏、新疆、甘肃、山东、宁夏是我国风电装机容量较大的 10 个省（自治区），合计风电并网容量达 1446 万 kW，占全国总容量的 89%以上。其中，内蒙古继 2007 年底成为全国第一个风电并网容量突破 100 万 kW 的省（自治

区）后，2009 年，锡盟风电项目建设装机容量近 200 万 kW，年底全区风电并网装机容量突破 500 万 kW，达到 502.79 万 kW，继续领先于全国其他省（自治区）。2009 年底全国风电装机容量较大的省（自治区）如图 2 - 16 所示。

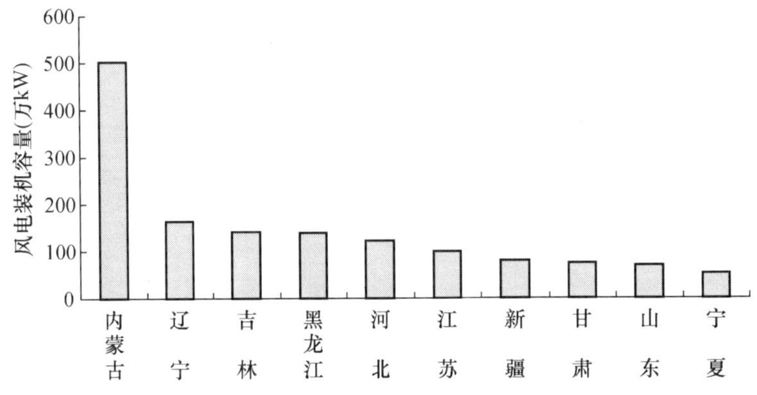

图 2 - 16　2009 年底全国风电装机容量较大的省（自治区）

2.3　电力生产情况

2.3.1　发电量

2009 年，全国全口径发电量为 35 874 亿 kW·h[1]，同比增长 7.0%，增速同比提高 1.3 个百分点，累计增速在 8 月首次实现正增长。其中，水电发电量为 4961 亿 kW·h，同比增长 4.4%；火电发电量为 29 901 亿 kW·h，同比增长 7.1%；核电发电量为 701 亿 kW·h，同比增长 1.2%；风电发电量为 288 亿 kW·h，同比增长 111.5%。2009 年全国各类能源发电量所占比例如图 2 - 17 所示。

从总体情况来看，在全球金融危机的持续影响下，2009 年上半年

[1] 发电量采用中电联网站公布数据（快报）；发电量统计口径为 6000kW 及以上电厂。

全国发电量呈延续下降趋势，除 2 月受严寒天气影响而负荷相对较高外，1 月、3—5 月全国发电量同比均为负增长；6 月以后，随着相关经济刺激政策作用的显现，经济逐步回暖，发电量出现正增长，并在此后保持较快增速；第四季度，在国民经济继续加速发展及寒冷天气的作用下，全国发电量呈现出两位数的加速增长态势。2009 年全国分月发电量及同比增长情况见图 2-18。

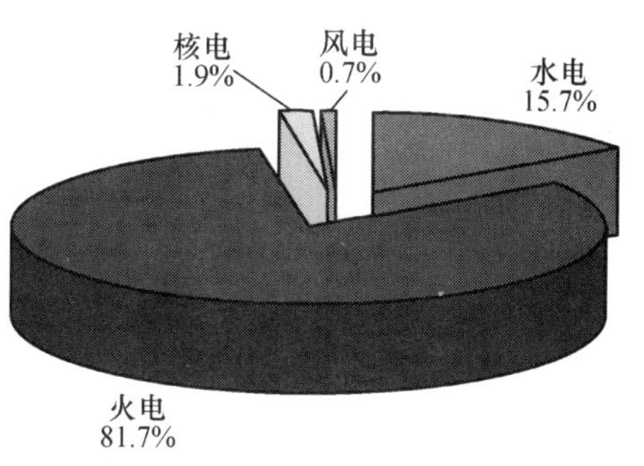

图 2-17　2009 年全国发电量构成（全口径）

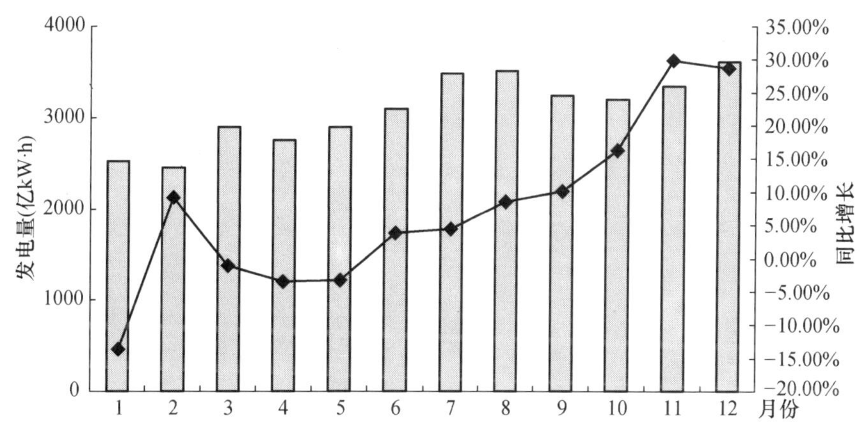

图 2-18　2009 年全国分月发电量及同比增长情况

2.3.2　发电设备利用小时数

2009 年，受全球金融危机的影响，我国的电力需求同比增速放缓，同时由于年内仍有大量机组建成投产，全国发电设备平均利用小时数延续了近几年的下降态势。2000 年以来我国发电设备利用小时数变化情况如图 2-19 所示。

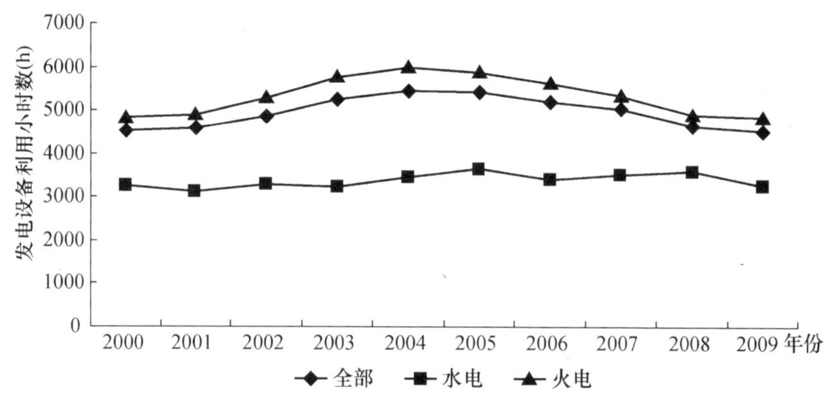

图 2-19 2000 年以来我国发电设备利用小时数变化情况

2009 年，全国 6000kW 及以上发电设备平均利用小时数为 4537h，同比降低 110h。水电设备平均利用小时数为 3257h，同比下降 332h；火电设备平均利用小时数为 4860h，同比下降 25h；核电设备平均利用小时数为 7914h，同比增加 89h。水电设备利用小时数下降主要是因为全年水电站水库来水不同程度偏枯，特别是华中、华东电网覆盖地区出现罕见秋旱，为保证灌溉、航运的需要，很少有水电机组保持满发运行，导致这些地区的发电设备利用小时数相比往年大幅下降。

从各省（市/自治区）情况来看，6000kW 及以上电厂发电设备平均利用小时数普遍同比下降，部分省（市/自治区）下降幅度较大，其中下降超过 500h 的有陕西、宁夏、黑龙江；而仅有四川、江苏、云南、贵州、湖南、山东、青海的发电设备利用小时数同比增加。具体情况如图 2-20 所示。

2.4 小火电机组关停情况

2009 年，全年共关停小火电机组容量 2617 万 kW[1]，2006 年以

[1] 数据来源：中国电力企业联合会 2010 年 1 月 6 日公布的 2009 年电力工业统计快报。

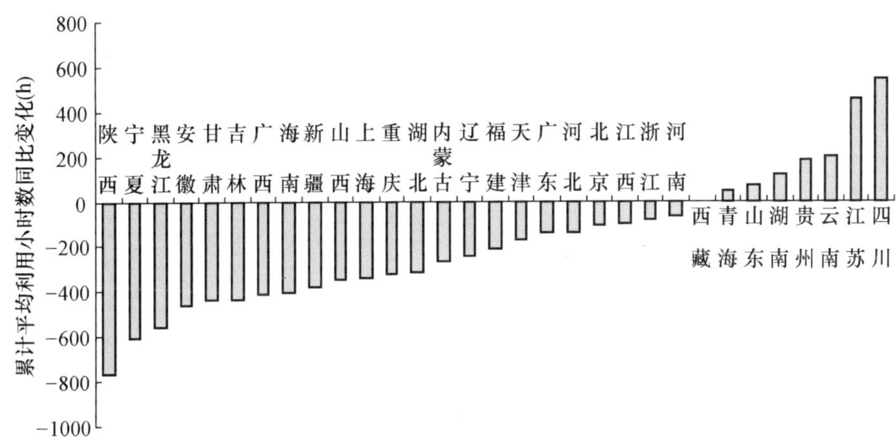

图 2-20 2009 年 6000kW 及以上电厂发电设备平均利用小时数同比变化情况

来累计关停 6006 万 kW，提前完成“十一五”小火电机组关停 5000 万 kW 的任务，每年可节约原煤 6900 万 t，减少二氧化碳排放约 1.39 亿 t。

为推动关停小火电机组的工作，2007 年 1 月，国务院批转印发了《关于加快关停小火电机组的若干意见》（以下简称《意见》）。《意见》明确规定了关停小火电机组的范围：单机容量为 5 万 kW 以下的常规火电机组；运行满 20 年、单机容量为 10 万 kW 级以下的常规火电机组；按照设计寿命服役期满、单机容量为 20 万 kW 以下的各类机组；供电标准煤耗高出 2005 年本省（市/自治区）平均水平 10%或全国平均水平 15%的各类燃煤机组；未达到环保排放标准的各类机组；按照有关法律、法规应予关停或国务院有关部门明确要求关停的机组。2007 年 3 月，温家宝总理在十届全国人大五次会议上提出了“十一五”期间关停 5000 万 kW 小火电机组的目标。

“十一五”以来，我国小火电机组关停工作主要呈现以下三方面的特点：一是关停进度逐步加快。2006 年，全国关停小火电机组为

314 万 kW[1]；《意见》出台后，关停进度明显加快，2007 年关停容量达到 1409 万 kW，占关停总量的 23.5%；2008 年关停小火电机组 1666 万 kW，占关停总量的 27.7%；2009 年关停容量达到 2617 万 kW，占关停总量的 43.6%。二是半数省（市/自治区）提前完成关停任务。关停小火电机组工作涉及的 30 个省（市/自治区）中，广东、河南、江苏、山东、河北、安徽、江西、福建、辽宁、四川、湖南、陕西、吉林、宁夏、海南等 15 个省（自治区）已提前完成本省（自治区）“十一五”关停目标。其中，前五个省份关停了 3146 万 kW，占全国关停总量的 56.7%。三是大型国有企业发挥了主力军作用。中央所属五大发电集团共关停小火电机组 3079.63 万 kW，占全国关停总量的 51.3%，依次为：大唐集团 727.92 万 kW、中电投集团 699.21 万 kW、国电集团 573 万 kW、华电集团 560.5 万 kW、华能集团 519 万 kW。

2009 年 7 月，全国还有 20 万 kW 及以下能耗高、污染重的纯凝火电机组约 8000 万 kW[2]，淘汰落后小火电机组工作依然任重道远。

2.5 电力节能与环保

2.5.1 能耗水平

近年来，我国政府在加快清洁高效机组建设的同时，采取了一系列的节能降耗措施，加快淘汰能耗高、污染重的小火电机组。

2009 年，在役火电机组中，60 万 kW 以上机组占到 33.4%，30 万 kW 以上机组占到 67.6%，分别比 2008 年提高 2.1、2.4 个百分点。

---

[1] 数据来源：国家发展改革委关于 2006—2008 年和 2009 年 1—8 月关停小火电机组的公告。

[2] 来自国家能源局副局长孙勤在 2009 年 7 月 30 日“十一五”关停小火电机组任务提前超额完成新闻发布会上的讲话。

2009年发电标准煤耗为319g/(kW·h)，同比降低3g/(kW·h)；2009年供电标准煤耗为342g/(kW·h)[1]，比2008年同期下降3g/(kW·h)。2000年以来我国供电标准煤耗变化情况如图2-21所示。

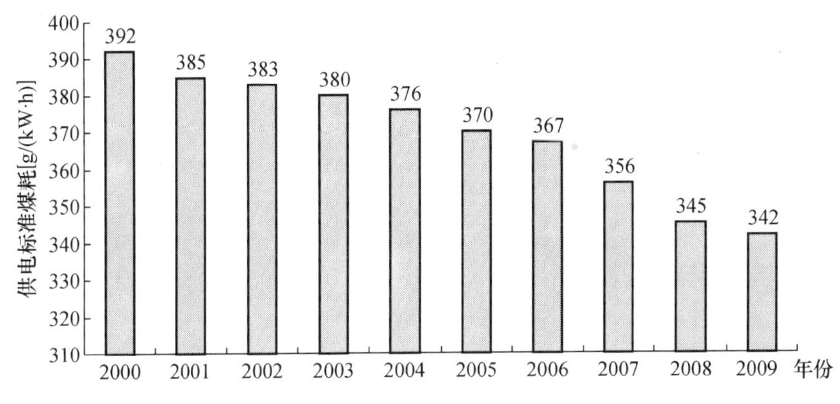

图2-21　2000年以来的我国供电标准煤耗变化情况

2.5.2　火电厂污染物排放控制

2009年，全国二氧化硫排放总量约为2214.4万t，同比下降了4.6%。二氧化硫减排进度已超过"十一五"减排目标要求（2294.4万t）。截至2009年底，全国新投运脱硫机组容量达9500万kW，全国装备烟气脱硫设施的火电机组达到了4.67亿kW，占全国火电装机的72%左右。

"十一五"以来，电力二氧化硫排放量逐年降低，2008年电力二氧化硫排放量为1050万t，比2005年下降了19%，电力二氧化硫减排速度远高于全国二氧化硫减排速度（2008年全国排放量比2005年下降9%）。2008年，电力二氧化硫排放绩效为3.8g/(kW·h)，比2005年下降2.6g/(kW·h)，下降了41%。2001年以来全国及电力二氧化硫排放情况见图2-22。

---

[1] 来自中电联发布的2009年全国电力工业统计快报。

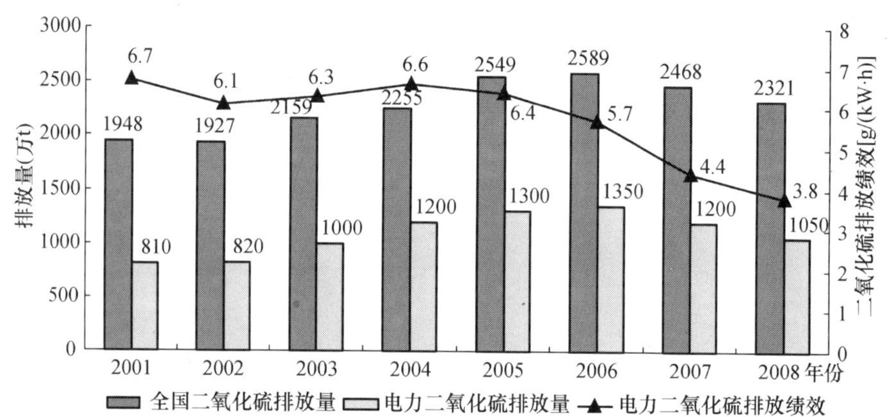

图 2-22　2001 年以来全国及电力二氧化硫排放情况

2.5.3　CDM 项目进展

截至 2009 年 12 月，已被国家清洁发展机制项目理事会批准的 CDM 项目累计共有 2327 个，比 2008 年增加了 530 个。其中，新能源和可再生能源项目数占据绝对主导地位，2009 年 11 月达到 1629 个项目，其项目数占批准项目总数的 70%，该领域将逐步成为我国获得联合国 CDM 执行理事会（EB）批准项目及“经核证的减排量”（CERs）签发的主力军之一。

2008 年 7 月 18 日，国电泰州超超临界 CDM 项目、华电芜湖电厂超超临界发电项目一期工程和浙江国电北仑超超临界发电项目同时通过国家清洁发展机制项目审核理事会批准，实现了我国新建高效化石燃料并网发电 CDM 项目零的突破，标志着国内 CDM 项目从可再生能源领域扩展到了超超临界火电建设领域。截至 2009 年 10 月，我国超超临界火电典型项目获得国家清洁发展机制项目审核理事会批准的情况见表 2-1。

表 2-1 我国超超临界火电机组 CDM 开发情况

项 目 名 称	装机容量（万 kW）	预计二氧化碳年减排量（t）
禹州电厂二期超超临界发电项目	120	364 168
广东平海电厂一期超超临界项目	200	834 644
安徽皖能铜陵超超临界燃煤发电项目	100	340 504
华能玉环超超临界燃煤发电项目	200	393 976
国电泰州超超临界 CDM 项目	100	632 305
华电芜湖电厂超超临界发电项目一期工程	100	452 936
浙江国电北仑超超临界发电项目	100	462 527
山东华电邹县超超临界发电项目	100	586 587
上海外高桥超超临界发电项目	100	543 066
浙江国华宁海超超临界发电项目	100	630 422
合 计	600	5 241 135

注 如果上述10个超超临界火电 CDM 项目在 EB 注册成功，按每吨二氧化碳10欧元计算，预计每年将给我国带来5240万欧元左右的收益。

2.6 发电技术进步情况

2009年，我国进一步加快电源科技进步和技术创新步伐，自主创新的能力有了显著提高，取得了一大批科技创新成果。

2.6.1 火电技术进步情况

首台国产大功率全氢冷燃气轮发电机开始发电。2009年2月，首台整体国产化率达到100%的全氢冷390H型燃气轮发电机——单机容量400MW的福建晋江天然气发电有限公司1号发电机开始发电。与采用其他冷却方式的燃气轮发电机相比，系统进一步简化，制造成本降低，节能效果显著，是目前国内领先的高质量大功率燃气发电机。

国内火电最大单机容量发电机组正式投产。2009年6月，广东省首台百万千瓦超超临界节能环保型机组——华能海门电厂 1 号机组顺利通过 168h 试运行，正式投入商业运营。机组容量为 103.6 万 kW，是目前国内火电单机容量最大的机组。机组设计供电标准煤耗为 283.7g/(kW·h)。海门电厂还是全国首个脱硫、脱硝工程与主体工程同步建设、同步投运的百万千瓦机组建设项目，是世界首例采用海水脱硫的百万机组，污水处理率达 100%。

百万千瓦超超临界空冷发电机组项目开工。2009 年 3 月，百万千瓦超超临界空冷发电机组项目——华电宁夏灵武二期工程开工建设。与传统湿冷发电机组相比，两台空冷发电机组建成投产后，年节水量可达 2400 万 t。

国内首座具有自主知识产权的 IGCC 电站开工建设。2009 年 7 月，我国首座自主开发、设计、制造并建设的 IGCC（整体煤气化联合循环发电系统）示范工程项目——华能天津 IGCC 示范电站在天津临港工业区正式开工，标志着具有我国自主知识产权、代表世界清洁煤技术前沿水平的“绿色煤电”计划取得了实质性进展，开启了我国清洁煤发电技术的新纪元。本期规划建设一台 25 万 kW 等级机组，计划 2011 年建成投产。

2.6.2 水电技术进步情况

我国水电机组设计制造已达到世界先进水平。三峡工程成功实施了世界最大的 70 万 kW 水电机组的国产化战略，使我国水电重大装备制造业用 7 年时间实现了 30 年的跨越发展。

三峡工程初步设计安装 70 万 kW 机组 32 台，左岸电站 14 台机组于 2005 年 9 月全部投产，右岸电站 12 台机组于 2008 年 10 月底全部发电。

在左岸电站机组制造中，哈尔滨电机厂有限责任公司（以下简称“哈电”）、东方电机股份有限公司（以下简称“东电”）分别作为

VGS联营体（由加拿大GE、德国西门子等公司组成）、阿尔斯通集团（由法国阿尔斯通、瑞士ABB等公司组成）的分包商，接受外方技术转让，双方联合设计、合作制造。

在右岸电站机组中，有8台是由我国自主设计、制造、安装的，哈电、东电各自承担了4台的设计制造任务，国内合同份额占2/3，国内制造份额超过70%。目前国产机组运行情况良好，能量特性和稳定性能等方面都达到了国际同等水平。

我国已经具备了大型水轮机转轮叶片制造能力。2009年9月，由宁夏共享铸钢有限公司承担的大型水电机组叶片制造产业化项目，在银川市顺利通过了国务院三峡工程建设委员会等专家组成的专家组评审验收，并向三峡电站交货10件，改变了我国超大型水电机组叶片长期依靠进口的局面。

据分析，到2020年，我国大型混流式水轮机需求量超过130台，大型叶片总需求量约为2000片，铸造、加工总产值约为100亿元。如果三峡地下电站水轮机叶片全部使用国产叶片，可降低20%的成本。

2.6.3 核电技术进步情况

我国第一台采用中国改进型压水堆核电技术CPR1000核电机组调试成功。2009年9月，我国第一台采用国产改进型压水堆核电技术CPR1000核电机组——岭澳核电站二期1号机组核岛冷试成功，成为2005年国家加快发展核电步伐以来首个进入商业运行前全面调试阶段的核电机组。从20世纪80年代初首次引进国外技术建设大亚湾核电站，到采用自主技术建设岭澳核电站（二期）、辽宁红沿河核电站，中国核电技术经过消化吸收、自主创新，形成了具有自主品牌的中国改进型百万千瓦级压水堆核电技术（CPR1000），技术的总体性能达到国际同类先进水平。

中国实验快堆已进入安装和试运行的最后阶段，预计2010年并

网发电。中国试验快堆（简称CEFR）工程是国家863计划能源领域重大项目，1995年获批开建。它是我国第一座钠冷池式快中子反应堆。工程总投资约为13.88亿元人民币，建设工期为1995—2010年。试验快堆热功率为6.5万kW，发电功率为2万kW。试验快堆是由我国科研人员自主研发建设完成的。

全球首台AP1000三代核电机组在三门核电站开工建设。2009年4月，浙江三门核电站一期工程开工。三门核电站规划建设6台125万kW的核电机组，分三期建设，首台机组计划于2013年建成。三门核电站采用AP1000核电机组，属于第三代压水堆技术，可较大幅度地简化系统，减少设备数量，提高核电站的安全性和经济性。三门核电工程是我国第三代核电自主化依托项目，也是迄今为止中美能源合作建设的最大项目。

2.6.4 风电技术进步情况

首批3MW海上风电机组投入运行。2009年3月，华锐风电生产的我国首台3MW海上风电机组一次整体安装成功；9月，上海东海大桥10万kW海上风电场首批3MW风电机组正式投入运行。

3MW双馈式变速恒频风电机组下线。2009年10月，我国具有完全自主知识产权的首台3MW双馈式变速恒频风电机组在华创青岛产业基地成功下线，打破了国外在3MW级核心技术上的国际垄断[1]。

2.7 电源发展中存在的主要问题

(1) 电源结构性矛盾依然突出。

2009年，我国水电、风电等可再生能源发电装机同比增幅较大，但由于可再生能源发电的增加规模远小于煤电的增加规模，我国电源

[1] http：//www.gov.cn/jrzg/2009-10/26/content_1448799.htm.

结构的整体变化不大。2009年底我国火电装机比重达到74.6%，与2008年基本持平。此外，尽管2009年火电投产主要以大容量机组为主，且加大了小火电机组的关停力度，但截至2009年底，我国中小火电机组仍占有相当比例，仅国家电网公司经营区域内10万kW及以下的常规煤电机组就超过5000万kW。我国电源结构还需要进一步改善。

(2) 分省分区平衡的电力发展方式未出现大的改观。

截至2009年底，京津冀鲁、华中东四省和华东等煤炭资源匮乏地区的煤电装机规模仍然占全国的54.2%，2009年全国新增煤电装机中的53.5%分布在这些地区；煤炭资源丰富的晋陕蒙宁新地区的煤电装机规模仅占全国的19.3%，同比增长0.3个百分点。在我国以分省分区平衡方式为主的电力发展方式下，大量煤电机组布局在中东部煤炭资源匮乏地区，不仅形成了较大的远距离跨区电煤运输流，电煤供应安全保障度不高，而且给中东部地区带来了酸雨等严重的生态环境污染。

(3) 发电行业节能减排任重道远。

2009年，我国电力行业节能减排工作取得了巨大进步。上半年，在火力发电量增长18.3%的情况下，二氧化硫排放量同比下降了5.2%。2009年，全国实现平均供电标准煤耗342g/(kW·h)，供电标准煤耗同比下降3g/(kW·h)。截至2009年底，我国10万kW及以下的中小火电机组仍占有相当规模，电力行业节能减排的潜力仍然较大。

二
相关政策与发展形势分析篇

2009年初的煤电价格之争、年末华中和华东部分地区的严重煤电运紧张，再次暴露了我国煤电运体系中长期存在的矛盾与问题。为促进地区经济的快速发展，内蒙古等主要煤炭输出地区调整了煤炭输出政策，要求提高煤电就地转化比例，提高能源输出中的输电比重。

2009年，世界各国积极应对气候变化，低碳能源、低碳经济已成为未来世界能源经济发展的必然选择。2009年，我国政府提出了2020年的非化石能源发展目标和单位GDP二氧化碳减排目标，给我国电力工业带来了巨大的发展机遇与挑战。

3

煤电运相关政策与发展形势

3.1 电煤供应及煤电一体化发展

3.1.1 煤炭订货会

根据《国家发展改革委关于做好2009年跨省区煤炭产运需衔接工作的通知》（以下简称《通知》），中国煤炭运销协会于2008年12月21—27日在福州召开“2009年全国煤炭产运需衔接合同汇总会”。会议的主要内容是煤炭产运需衔接合同汇总和铁道、交通运输部门确认运量。会议要求煤炭供需双方在《通知》下达后20天至1个月内，自主采取各种方式完成衔接，签订合同，不得以任何理由拖延。

2009年，煤炭企业面临着增值税率从13%提高到17%带来的成本增加，以及2008年下半年需求下滑导致的市场价格回落和库存积压，增收愿望依然较强；电力企业2008年亏损严重，在电价调整短期无法实现的情况下，对煤炭降价的要求强烈。订货会上，五大发电集团联合抵制电煤涨价，并要求电煤价格每吨下调50元，而煤炭企业则以增值税上调及资源税由从量计征改为从价计征为由，要求价格每吨上涨50元。五大发电集团与煤炭企业的报价出现100～150元的价格差距。至订货会结束时，五大发电集团与煤炭企业由于在煤价方面的分歧过大，而没有签订大宗电煤合同。

在煤炭订货会未能达成协议而海外市场煤价大幅下降的背景下，部分电力企业开始寻求海外购煤，而煤炭企业开始限产保价。

2009年12月15日，国家发展改革委发布《国家发展改革委关于完善煤炭产运需衔接工作的指导意见》，终止了一年一度的煤炭订货会，取而代之为网络汇总，价格由双方议定。实行多年的电煤价格双轨制宣告结束，煤炭价格实行了完全市场化。

3.1.2 中国煤炭交易中心

在经历了2008年煤炭供需形势大震荡之后，全国性煤炭交易中心筹建提上日程。2009年2月，国务院发展研究中心与国家发展改革委完成了《中国煤炭市场体系建设方案与政策研究》的报告。报告提出用3～5年时间，分阶段重构中国煤炭市场体系，核心目标之一就是力争全国煤炭交易中心在2010年建成试运行。将全国煤炭交易中心定位为不以营利为目的的法人，接受国家发展改革委相关司局指导，并设想由全国性的煤炭行业组织作为发起人、股东共同投资，构建法人治理结构。煤炭市场体系的核心功能是合理地发现煤炭价格、降低交易费用、实现交易与引导煤炭供需平衡。

要实现这一功能，需要对铁路运力实施市场化管理。要求铁路部门在承担煤炭运输业务时，以企业身份参与交易，与煤炭企业签订承运合同并履行市场责任；并对现行铁路运力进行结构分析，把有限的铁路运力分为可保证运力和不确定性运力两部分，前者的配置权与控制权交给煤炭行业组织进行市场化配置，重点煤炭与铁路运力捆绑，从而降低煤炭交易过程中的运力约束。

而对电煤价格双轨制，报告寄希望于电力体制改革同步跟进。在电价尚未放开时，可以考虑建立全成本的煤电价格联动机制，形成重点电厂消化煤炭价格上涨的渠道，同时强化对电厂电价的监管，计算出合理的煤价作为联动的基础价格。

关于煤炭市场体系重构中政府部门的作用，报告主张适度干预：政府部门退出煤炭交易组织者角色；强化宏调干预方式，通过税率调整引导煤炭进出口结构，以调控煤炭市场体系。

3.1.3 煤电一体化发展

根据国资委2007年对央企主业的第一次划分，五大发电集团中，华能集团和华电集团主业除了发电外，还涉及“与发电相关的煤炭等一次能源开发业务”；其余三家的主业仅为“电力生产、热力生产和供应；相关专业技术服务”。随后，国资委对中电投资集团的主业进行了调整，增列了“与电力相关的煤炭等一次能源开发及相关交通运输”为其主业。2008年5月，国电集团的主业也增加了“与电力相关的煤炭等一次能源开发”。2009年3月25日，国资委调整大唐集团业务，增加了煤炭业务。至此，五大发电集团都具备了全面涉足煤炭业务的资质。

近年来，主要国有大型煤炭企业纷纷向下游的发电行业延伸。截至2009年底，神华集团发电装机容量接近2000万kW；平煤集团全资、控股、参股发电装机容量达到141.2万kW；中煤集团运营和在建煤矸石电厂6座，发电装机容量达到193.5万kW。

3.2 主要煤炭输出地区煤炭产业发展政策分析

(1) 内蒙古煤炭资源整合思路及举措。

2009年10月9日，内蒙古自治区政府下发了《关于进一步完善煤炭资源管理的意见》，从煤炭资源配置的基本原则、审批程序、有偿使用及监管四方面加强煤炭资源管理。该意见要求今后在配置煤炭资源时，将向国家和自治区重点煤炭转化、综合利用项目倾斜。同时，除了招标、拍卖等方式获得的矿权在配置资源时条件适当放宽外，新建的井工、露天煤炭开发项目，煤炭就地转化率均要达到50%以上。

这一政策的发布表明，内蒙古的煤炭输出政策已经从单纯外送煤炭逐渐向提高煤炭资源附加值、延长产业链、增加当地就业岗位的发展模式转变。

(2) 山西煤炭资源整合[1]。

2009年，山西延续能源战略调整政策，控制煤炭挖掘总量和外输煤炭总量，确定了晋北、晋中、晋东三大煤炭基地建设及发展目标，并对采煤工艺落后、回采率低、安全生产不达标的各类小煤矿全部淘汰。

2009年4月，山西全面启动了煤矿企业兼并重组和煤炭资源整合工作。2009年底，山西重组整合煤矿正式协议签订率达到98%，兼并重组主体到位率达到94%，采矿许可证变更已超过80%。山西煤矿矿井数由整合前的2600座压减到1053座，70%的矿井规模达到90万t/年以上，30万t/年以下的小煤矿全部淘汰，平均单井规模由30万t/年提高到100万t/年以上，保留矿井将全部实现机械化开采。企业主体由2200多家减少到130家，形成了4个年生产能力达亿吨级的特大型煤炭集团、3个年生产能力达5000万t级的大型煤炭集团。通过重组整合，目前山西形成了以股份制为主要形式，国有、民营并存的办矿格局。国有企业办矿占20%，民营企业办矿占30%，股份制企业办矿占50%。通过整合，山西煤炭资源回收率和循环利用率、原煤洗选加工率、煤层气（瓦斯）抽采和利用量都将得到显著提高。

3.3 2009年煤电运形势分析

3.3.1 煤电运协调情况

2009年上半年，受全球金融危机影响，我国经济增长放缓，电

---

[1] 山西煤炭资源整合兼并重组取得重大阶段性成果，http://www.mlr.gov.cn/xwdt/jrxw/201001/t20100106_131936.htm.

力需求水平明显下降，电煤供需保持宽松平衡态势。下半年，随着经济形势好转，并在高温天气的作用下，用电量稳步回升。第四季度入冬以后，用电量快速增长，华中、华东部分地区煤电运形势紧张，电煤库存大幅下降，出现了因缺煤停机而导致拉闸限电的现象。

第一季度，电煤库存呈阶段性下降趋势。受冬季煤炭消费高峰和年初电煤订货会上电煤合同没有落实的影响，直供电厂电煤库存持续回落，但仍高于历史同期水平。3 月 31 日，电煤库存降至 2009 年以来的最低点 2794 万 t，但还是比 2008 年第一季度末高出 529 万 t。

第二季度，电煤库存回升企稳。由于电力消费进入传统淡季，加之水电大发，电煤耗用水平显著下降，电煤库存开始回升，为迎峰度夏奠定了坚实基础。6 月 22 日，电煤库存出现 2009 年以来的第一个阶段性高峰 3393 万 t，比 2008 年同期高出 1228 万 t。

第三季度，电煤库存小幅回落后逐步趋稳。7 月和 8 月全国出现了几次明显的大范围持续高温天气，电煤消耗达到 2009 年以来最高水平，电煤库存又开始回落，9 月 7 日已低于 2008 年同期水平，9 月 11 日已低于 2007 年水平。随着夏季用电高峰的结束，电煤耗用不断回落，9 月中下旬电煤库存保持平稳状态。

第四季度，部分地区出现电煤供应紧张。在经济持续向好、气温快速下降等因素的综合作用下，全社会用电需求显著上升，电煤消费快速上升，电煤库存持续下降。截至 12 月底，全国直供电厂电煤库存 2147 万 t，同比下降 50.4%，环比下降 9.8%；电煤库存实际可用天数为 8d，同比下降 15.6d，环比下降 4d。2008 年以来直供电厂月末库存和可用天数见图 3－1。

2009 年第四季度，华东、华中、华北电网供电区域出现电煤需求快速增长，各省（市）（除湖南外）直供电厂电煤供应量低于消耗量，直供电厂电煤库存和可用天数持续降低，电煤供需形势趋于紧

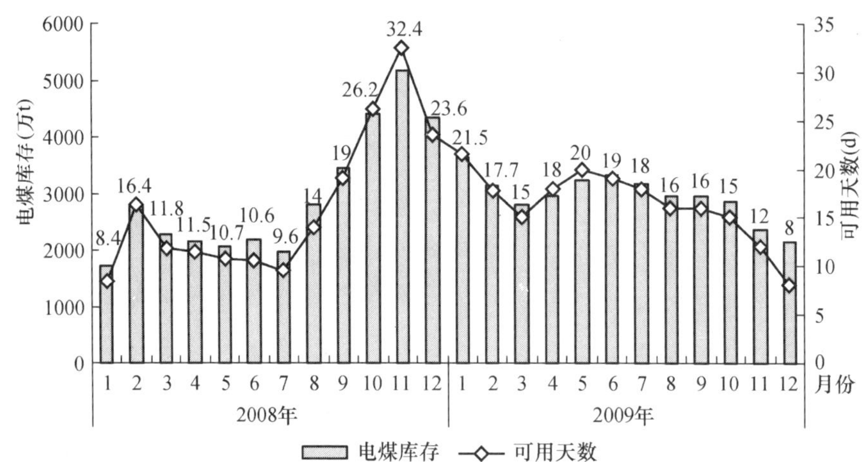

图 3-1 2008 年以来直供电厂月末库存和可用天数

张。12 月末，湖北直供电厂电煤库存可用天数下降到 12d，江西直供电厂电煤库存可用天数下降到 13d，安徽直供电厂电煤库存可用天数下降到 3d，河南直供电厂电煤库存可用天数下降到 8d。9—12 月主要地区直供电厂电煤库存可用天数见图 3-2。

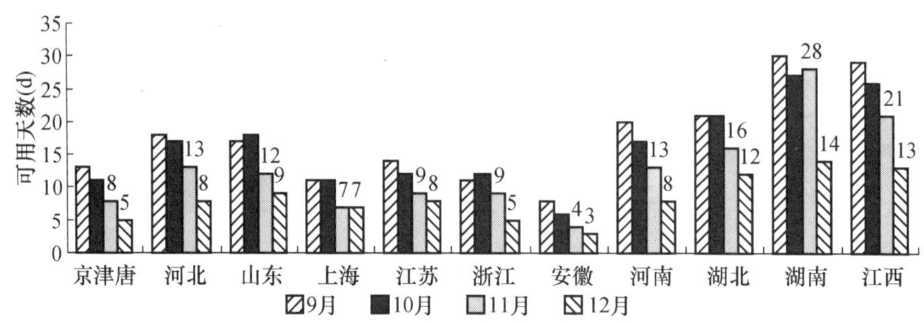

图 3-2 9—12 月主要地区直供电厂电煤库存可用天数

电煤供应不足导致部分电网出现电力缺口。12 月，华中电网缺煤停机容量达 608 万 kW，其中，湖北缺煤停机容量达 304 万 kW，河南缺煤停机容量达 184 万 kW。江西多数电厂电煤库存低于警戒水平，仅能维持主力电源 2～4d 的运行需要。受此影响，湖北于 12 月 12 日启动有序用电预案，限电 265 万 kW。江西因电煤问题影响发电出力约 186 万 kW，天津因煤质问题停机 100 万 kW。

3.3.2 煤电运紧张原因分析

从表面来看，2009 年第四季度的煤电运紧张是由严寒天气造成的。严寒气候一方面推升了煤炭消费需求的增加，另一方面影响了煤炭的运输。但从根本来看，是由我国煤电运体系中存在的煤炭运输和煤炭价格矛盾一直没有得到根本性解决所造成的。

由于煤炭价格市场化，近年来随着我国煤炭消费需求的快速增长，煤炭价格快速上涨。电力价格受国家严格管控，虽然为疏导电煤价格已建立了煤电联动机制，但一方面，煤电联动存在着一定的随意性，电价调整往往滞后于煤炭价格的变化；另一方面，担心电价上调对经济社会影响较大，上调困难重重。在这种情况下，2008 年，发电企业纷纷出现巨额亏损。为保障发电企业的持续运行，2008 年两次上调电价，其中第二次只上调了上网电价，没有上调销售电价，实际采用了电网补贴发电的“挖东墙补西墙”的临时性措施。在这种协调机制下，2009 年，电网企业险些出现大幅亏损。为保障电网企业的持续运行，11 月 19 日国家重点上调了销售电价，以保障电网企业的适度盈利及扩大再生产能力。这种不连续的阶梯式调节，不利于促进煤电行业的协调发展。此外，2009 年，在煤价持续高位运行的情况下，发电企业储煤意愿和能力下降，发电企业应对煤炭供应波动能力不足，降低了煤电运紧张爆发的门槛。

长期以来，我国采用分省分区平衡为主的电力发展方式，资源匮乏而经济发达的中东部地区煤炭消费量大，对外依存度高，供应方式单一，从西部和北部地区远距离调运的煤炭规模不断扩大。长距离的煤炭运输易受天气变化、自然灾害、季节性运力波动等外部环境的影响。过度依赖煤炭的长距离运输与煤炭资源整合造成的产能下降得不到及时恢复，这是煤电运反复出现紧张问题的重要原因。

4

清洁能源发展相关政策与发展形势

近年来，随着我国生态环境保护要求的日益严格，应对气候变化的国际压力不断增大，节能优先、加快发展清洁能源、多元化能源供应已成为我国能源可持续发展的战略选择。

2009 年是我国清洁能源发展历程上的重要一年，政府出台了一系列促进清洁能源发展的相关政策（见附录 1），提出了 2020 年我国的二氧化碳减排目标。2009 年 9 月，胡锦涛总书记在联合国气候峰会上提出，2020 年，中国非化石能源占一次能源消费的比重要达到 15%左右❶。2009 年 11 月 25 日，国务院总理温家宝召开国务院常务会议，确定了我国 2020 年降低二氧化碳排放强度的目标，即到 2020 年，单位国内生产总值二氧化碳排放比 2005 年下降 40%～45%，作为约束性指标纳入国民经济和社会发展中长期规划，并制订相应的国内统计、监测、考核办法❷。2009 年 12 月 7 日，哥本哈根联合国气候变化大会召开，会议的主要任务是确定全球第二承诺期（2012 年到 2020 年）应对气候变化的安排。2009 年 12 月 26 日，我国《可再生能源法修正案》通过，于 2010 年 4 月 1 日正式实施，修正案重在协调解决电网与可再生能源发展过程中出现的问题，建立专用基金对可再生能源发展进行扶持。

这些激励性政策和发展目标进一步明确了我国清洁能源发展的任务和方向。结合近年来我国清洁能源发展相关政策，对我国各类清洁

---

❶ 胡锦涛．携手应对气候变化挑战．联合国气候变化峰会演讲。

❷ http：//www. acef. com. cn/html/xwdt/4193. html.

能源发展形势分析如下。

4.1 水电开发

4.1.1 水电开发形势

我国水电资源丰富，技术可开发量达5.42亿kW，年发电量为2.47万亿kW·h，均居世界首位。到2009年底，常规水电装机容量达到1.83亿kW；技术开发率不到34%，远低于美国、日本、欧洲等发达国家的开发水平。我国尚未开发的大中型水电资源主要集中在西南的四川、云南和西藏地区。

大规模水电开发是改善我国能源供应结构，降低化石能源消费，有效控制环境污染的重要措施，但水电开发也带来了生态环境影响，移民安置、土地淹没等一系列问题。近年来，我国水电开发指导方针多次调整，“十一五”以来的水电核准规模呈下降趋势。

为加快电源发展，积极引导水电开发的多渠道融资，提高各方投资建设水电的积极性，2001年发布的《中华人民共和国国民经济和社会发展第十个五年规划纲要》中确定的水电开发方针为“积极发展水电”。通过“十五”规划的引导，以及在煤炭、石油等化石能源供需日趋紧张的大环境下，水电地位和经济性不断提升，我国各大电力公司积极投资水电，部分地区甚至出现“跑马圈水”现象。为规范水电开发建设，加强对生态环境、移民安置等问题的综合考虑，在2006年3月发布的《中华人民共和国国民经济和社会发展第十一个五年规划纲要》中，水电开发方针调整为“在保护生态基础上有序开发水电。统筹做好移民安置、环境治理、防洪和航运。建设金沙江、雅砻江、澜沧江、黄河上游等水电基地和溪洛渡、向家坝等大型水电站”。

2008年，全年投产水电达2010万kW，占当年全部投产机组的22.2%，是我国水电开发历史上投产最多的一年。但近几年，由于各种原因导致我国水电投资速度明显放缓，全国仅核准开工水电项目累计1000多万kW，其中，2007年为270万kW，2008年为966.8万kW（含两座抽水蓄能电站，装机容量为270万kW），其中没有一个大型水电项目。目前在建水电项目基本都在“十二五”期间投产，如果未来每年不能保持一个合理的大型水电开工规模，我国水电投产规模将在“十三五”期间进入低潮，水电开发程度很难在2020年或2030年实现预期发展目标❶。

近几年来水电开发受限的现实情况已经延缓了电力工业结构调整的步伐，迫切需要改变。2009年4月，国家能源局局长张国宝在《求是》杂志上发表署名文章提出，要“积极推进水电开发”。在2009年底的全国能源工作会议上，张国宝进一步指出：为实现非化石能源占一次能源消费总量15%左右的目标，到2020年我国水电装机容量要达到3亿kW以上；并提出为应对气候变化，水电是最值得大力开发利用的清洁能源。因此，虽然新的能源规划还没正式出台，可以预料在“十二五”期间，国家积极开发水电的政策会趋于稳定，“十二五”期间水电核准容量将比“十一五”期间大幅增加。

4.1.2 重点开发项目进展

我国十三大水电基地包括金沙江、雅砻江、大渡河、乌江、长江干流上游河段及清江、南盘江红水河、澜沧江、黄河上游、黄河中游北干流、湘西、闽浙赣、东北和怒江。2009年，十三大水电基地中的大批重点水电开发项目正在规划、建设或投入运行，重点抽水蓄能电站建设工程也在顺利进行。

（一）金沙江干流

金沙江下游的乌东德、白鹤滩、向家坝、溪洛渡四大电站总装机

❶ 中电联．全国电力供需与经济运行形势分析预测报告．2010年1月．

容量达3850万kW，金沙江中游、上游还有20个梯级电站正在规划中，总装机容量达3000万kW以上。乌东德水电站2009年仍处于前期工作阶段。2006年，白鹤滩水电站预可研通过审查，2008年6月成立了工程建设筹备组，标志着水电站工程转入到启动、筹建阶段。预计在2010年底建设好施工区中的桥梁、场地、道路、营地以及对外交通等筹建项目，为水电站开工创造条件。溪洛渡电站于2007年11月8日实现大江截流，2009年大坝工程全面进入混凝土浇筑阶段，预计将于2015年竣工投产。向家坝水电站于2008年12月28日实现截流，预计2012年首批机组发电，2015年全部工程竣工。

（二）雅砻江干流

锦屏二级水电站装机容量为480万kW，是雅砻江上装机规模最大的水电站。2008年11月30日，该水电站成功实现大江截流。锦屏一级、二级水电站是国家“十一五”计划中的重点工程，是落实国家“西电东送”战略和四川省打造全国最大“三江”水电基地的标志性工程，是加速开发雅砻江的关键工程。锦屏二级水电站与装机360万kW的锦屏一级水电站同期投产发电后，将成为“川电东送”中通道的骨干工程。

（三）澜沧江干流

景洪水电站共有5台35万kW的机组，总装机容量为175万kW。2009年5月27日，华能景洪水电站最后一台水轮发电机组顺利完成72h试运行，正式投产发电。至此，该电站5台机组全部建成投产。

糯扎渡水电站是澜沧江中下游河段梯级规划电站的第五级，其上游与大朝山电站衔接，下游与景洪电站衔接，电站安装9台65万kW的机组，总装机容量为585万kW。目前，电站一期工程建设进展顺利，基础工程、施工道路、移民搬迁、环保工程等正规范有序地加快进行，预计2014年投产发电。

小湾水电站总装机容量为420万kW，安装6台70万kW水轮发电机组，是目前澜沧江上在建的最大水电站。2009年，1号和2号机组分别于9月25日和11月15日顺利完成72h试运行，并网发电。

（四）大渡河干流

瀑布沟水电站总装机容量为330万kW。计划于2011年全部完工。2009年11月1日，瀑布沟水电站2号导流洞开始下闸，标志着瀑布沟水电站水库正式进入蓄水阶段。

深溪沟水电站总装机容量为66万kW。工程计划2010年7月1日第一台机组发电，后续间隔5个月、4个月和3个月，第二台至第四台机组陆续发电。

大岗山水电站总装机容量为260万kW。大岗山右岸导流洞工程全部完工，目前工程建设进展顺利。

龙头石水电站规划安装4台17.5万kW的水轮发电机组，总装机容量为70万kW。2008年10月首台机组完成72h试运行，正式投产并网发电，其余3台机组分别于2009年3月、5月和7月投产并网发电。

沙湾水电站总装机容量为48万kW。2009年4月15日首台机组发电，7月8日和11月18日第二台和第三台机组分别投产并网发电，计划于2010年全部投产发电。

（五）黄河上游

拉西瓦水电站是黄河上游龙羊峡至青铜峡河段规划的第二个梯级电站，是黄河流域装机容量最大、单机容量最大、大坝最高、单位千瓦造价最低的水电站，是国家西电东送“北通道”的骨干电源以及实现西北水电火电联合送往华北电网的战略性工程。电站安装6台70万kW的机组，总装机容量为420万kW。2009年5月18日，拉西瓦水电站首批2台70万kW机组顺利投产发电。

（六）乌江流域

构皮滩水电站是乌江流域最大的水电项目，装机容量为300万kW。2009年7月31日和8月21日，首台机组和第二台机组分别投产发电。

4.1.3 水电开发相关建议

生态环境保护和移民安置是当前制约我国水电开发的主要瓶颈。加快水电开发，必须着力解决好这两方面的问题。

加强水电开发中的生态环境保护工作，加强流域开发的总体规划。水电开发不可避免地会对生态环境产生一定影响，因此，需要加强水电开发的总体规划，建立切实可行的生态环境补偿机制，降低不利影响。在综合考虑水电开发的社会经济效益与生态环境影响下，促进我国水电的可持续发展。

探索利益补偿机制，处理水电工程移民安置问题。通过完善水电开发管理法规，合理使用移民安置资金，调整水电开发与运营的利益分配关系，把水电开发与帮助移民脱贫致富、促进地方经济发展结合起来，妥善解决移民安置问题。

4.2 核电建设

4.2.1 核电发展形势与目标

在越来越严重的能源供需与生态环境约束（包括气候变化）下，核电作为基荷电源在满足旺盛电力需求、改善电力与能源结构以及节能减排中的作用日益凸显。

从核电发展政策来讲，2005年3月2日国务院召开常务会议，决定将核电的发展政策从“适度”变成“积极”。2006年3月公布的《核电中长期发展规划（2005—2020年）》中指出，到2020年中国核电总装机容量将达到4000万kW，在建核电容量达到1800万kW。2007年11月，国务院正式批准的《国家核电发展专题规划（2005—2020年）》中提出了“积极推进核电建设”的要求。2009年4月，国家发展改革委副主任、国家能源局局长张国宝在《求是》杂志上撰文《科学发展 电力工业赢得挑战的根本路径》，针对目前能源领域的问题，国家发展改革委加快了调整步伐，核电从“积极”变成“大力发展”。

4.2.2 核电建设情况

据能源局统计显示[1]，2009年，浙江三门2台125万kW、山东海阳2台125万kW、广东台山2台175万kW核电机组开工建设。截至2009年底，我国在建核电机组达20台，在建规模为2192万kW。这些机组基本有望在2015年前后投入运行。在建核电站统计如表4-1所示。

表4-1 在建核电站统计

序号	机组名称	容量（万kW）	堆型	进度安排
1	岭澳二期1、2号机组	2×108		2005年12月开工建设，预计2010年投运
2	秦山二期扩建1、2号机组	2×65		2006年4月开工建设，预计2011年投运
3	浙江方家山（秦山一期扩建）核电站	2×108		2008年12月开工，分别于2013年和2014年投入运行
4	浙江三门核电站	2×125	AP1000	2009年4月开工，首台机组计划于2013年建成

[1] 国家能源局.2009年全社会用电量稳定增长 清洁能源快速发展.2010.1.http://nyj.ndrc.gov.cn/ggtz/t20100106_323322.htm.

续表

序号	机组名称	容量（万 kW）	堆型	进度安排
5	山东海阳一期	2×125	AP1000	2009 年 12 月开工建设，预计首台机组 2014 年运营
6	辽宁红沿河一期	4×111	CPR1000	
7	福建宁德核电站	4×100	CPR1000	2008 年 2 月开工，预计 4 台机组分别于 2012—2015 年投产
8	福建福清	2×108	CPR1000	2008 年 11 月开工，预计 2013、2014 年建成 2 台，整体 6 台预计 2018 年建成
9	广东阳江一期	2×108	CPR1000	2008 年 12 月开工，预计 2013 年首台建成投产
10	广东台山核电站一期工程	2×170	EPR	2009 年 12 月开工，预计 2013 年底首台机组并网发电
11	山东石岛湾核电厂高温气冷堆核电站示范工程	20	高温气冷堆（HTR）	2009 年 9 月开工，预计 2013 年发电

数据来源：http：//www.cchere.com/article/2122459，http：//www.world-nuclear.org/info/inf63.html，等。

注 此处的开工指核岛负挖工程开始的时间。

4.2.3 核电发展的关键因素与问题

（一）核电的技术路线问题

从满足 2020 年非化石能源 15%发展目标及单位 GDP 二氧化碳减排目标来看，2020 年我国核电装机容量需要达到 7000 万～8000 万 kW。

我国确定的核电发展技术路线是 AP1000 型三代机组。目前，AP1000 电站造价较高，但随着“三步走”战略的实施，AP1000 电站的成本将不断降低。其中，最为重要的是，加快掌握核心技术，实现核电设备的国产化，保持和提高核电的经济性；建立以核电机组设计为核心的设计、制造、研发三结合的核能装备产业集群；积极推进联合攻关，把引进国外先进技术与消化吸收再创新相结合，加快解决和掌握核心技术，实现核电设备国产化；通过引进核电技术的消化吸收再创新，加快实现核电设备制造的国产化，不仅是完成我国核电发展目标的重要保障，而且也是提高核电经济性的关键因素。

从技术成熟度、经济性、生产能力等方面综合来看，我国第三代核电技术的掌握及经济性的提高还需要较长的时间，而为了满足我国2020年的非化石能源和碳减排目标，2020年前我国还需要大力发展二代加的CPR1000机型。

（二）核电建设的可持续问题

核电站的核岛部分属于高端技术，核电站的核燃料制备、核电厂选址、设备制造、建设运营、乏燃料处理等安全要求高，质量要求严，涉及范围广，每一个环节都必须处理得非常好。核电建设的可持续问题，在大力发展核电的背景下也受到了更大的关注。

在积极应对气候变化的发展形势下，加大核电装机已成为我国能源发展的必然选择。核燃料供应能力、核电路线、技术准备等问题已成为核电可持续发展中的重要问题。

结合我国现实国情，为实现核电的可持续发展，必须把握安全第一、质量第一的原则，加强在核电领域的自主设计、自主建造、自主运营。

4.3 风电发展

4.3.1 风电发展形势

我国风能开发利用，始于20世纪70年代，1986年首台风电机组并网以来，我国风电发展大致经历了起步阶段、积累阶段和快速发展阶段。

2005 年 2 月 28 日，我国颁布了《中华人民共和国可再生能源法》，“十一五”以来，我国风电进入了快速发展阶段。

截至 2009 年底，全国风电并网规模达到 1613 万 kW，同比增长 92.3%，占全国总装机容量的 1.85%（参见表 4-2）。“十一五”前三年，并网风电装机容量年均增长率为 103.8%，风电发电量年均增长率为 98.3%，大大快于全国发电总装机容量和年总发电量的增速。

表 4-2 风电并网装机容量及发电量

年份	发电装机总容量（万 kW）	年发电量（亿 kW·h）	并网风电装机容量（万 kW）	风电装机比重（%）	风电发电量（亿 kW·h）	风电电量比重（%）
2005	51 718.5	24 975.3	105.6	0.20	16.4	0.07
2006	62 369.8	28 498.6	207.2	0.33	27	0.09
2007	71 821.7	32 644	420	0.58	55.5	0.17
2008	79 273	34 510	839	1.06	131	0.38
2009	87 407	35 874	1613	1.85	288	0.80

注 2005—2008 年为中电联电力工业统计资料汇编年报数，2009 年数据为中电联统计快报数。

4.3.2 风电发展重大事件

（1）增值税转型。

2008 年 11 月国务院第 34 次常务会议修订通过了《增值税暂行条例》，决定自 2009 年 1 月 1 日起在全国实施增值税转型改革，条例规定“企业在计算应缴增值税时允许抵扣固定资产进项税额”，也就是说将我国在 1993 年全面实行的不允许企业在投资生产过程中，抵扣购买固定资产进项税的“生产型增值税”，转为允许企业在投资生产过程中，可以抵扣购买固定资产进项税的“消费型增值税”，扩大了增值税进项税的抵扣范围。

从国家层面而言，全国增值税由生产型转向消费型，针对第二产业的机器设备实施税前抵扣，可为企业减轻税收负担。但这对地方财政而言，意味着大笔减收，增值税转型在一定程度上影响了地方政府的投资积极性。

从企业层面而言，增值税转型改革提高了风电企业的竞争力。风电投资的特点是购买设备投入特别大，设备进项抵扣后，风电成本下降很多，企业税负减轻，激发了风电投资者的积极性。

(2）风电区域标杆电价正式实施。

2009 年 7 月 20 日，国家发展改革委下发了《关于完善风力发电上网电价政策的通知》（发改价格［2009］1906 号）（以下简称《通知》），规定自 2009 年 8 月 1 日起，按风能资源状况和工程建设条件，对我国陆上风电按资源区实施风电标杆上网电价。价格水平分为 4 档，具体如表 4－3 所示。

表 4－3　　不同资源区风电标杆电价

资源区	标杆上网电价［元/（kW·h）］	各资源区所包括的地区
Ⅰ类	0.51	内蒙古自治区除赤峰市、通辽市、兴安盟、呼伦贝尔市以外其他地区，新疆维吾尔自治区乌鲁木齐市、伊犁哈萨克族自治州、昌吉回族自治州、克拉玛依市、石河子市
Ⅱ类	0.54	河北省张家口市、承德市，内蒙古自治区赤峰市、通辽市、兴安盟、呼伦贝尔市，甘肃省张掖市、嘉峪关市、酒泉市
Ⅲ类	0.58	吉林省白城市、松原市，黑龙江省鸡西市、双鸭山市、七台河市、绥化市、伊春市，大兴安岭地区，甘肃省除张掖市、嘉峪关市、酒泉市以外其他地区，新疆维吾尔自治区除乌鲁木齐市、伊犁哈萨克族自治州、昌吉回族自治州、克拉玛依市、石河子市以外其他地区，宁夏回族自治区
Ⅳ类	0.61	除Ⅰ类、Ⅱ类、Ⅲ类资源区以外的其他地区

《通知》同时规定，继续实行风电费用分摊制度，风电上网电价高出当地燃煤机组标杆上网电价的部分，通过全国征收的可再生能源电价附加分摊解决。

风电标杆电价的确立，可促使企业控制建设成本，优先选择风电资源条件好的地区进行风电开发，有利于风能资源的优化配置，提高风力资源的使用效率。电价固定，有利于风电投资企业进行项目融资。

(3) 我国首个千万千瓦级风电基地加快建设。

2009 年 8 月，我国规划建设的第一个千万千瓦级风电基地——甘肃酒泉风电基地一期工程开工，预计在“十一五”末将建成装机 516 万 kW。

(4) 我国首座海上风力发电场并网发电。

2009 年 9 月 4 日，由大唐集团控股的东海大桥海上风电场首批 3 台风机正式并网发电[1]，这是我国首座，也是亚洲首座海上风力发电场，对我国海上风电发展具有开创性、引领性、示范性意义。

4.3.3 风电发展中存在的主要问题

(1) 风电发展缺乏统一规划，前期工作普遍超过规划规模。

一方面，各地方政府在组织编制大型风电场或风电基地的开发规划时，主要依照当地风能资源情况确定风电的规划规模和建设时序，导致地方规划风电装机规模普遍大于国家规划；另一方面，风电投资者热情很高，风电开发存在无序现象，前期工作规模大大超过地方政府规划和国家规划。

(2) 我国风电机组制造技术基础薄弱，产业发展水平不高。

目前国内大部分风电机组制造企业尚未掌握风电机组的核心设计

---

[1] 见《中国电业》2009 年 11 月版，总第 682 期。

技术，自主创新能力低。部分关键零部件仍依赖进口，对风电产业发展形成制约。

(3) 风力发电大规模发展，给电力系统安全稳定运行提出了更高的要求。

风电大规模发展加剧调峰困难。我国用电峰谷差逐年加大，系统调峰紧张。具有反调峰特性的风电大规模发展后，使得电力系统调峰矛盾更加突出。

风电大规模发展增加有功平衡难度。风电出力具有随机性、间歇性的特点，给电网的电力电量平衡调节带来一定难度。风电大规模发展情况下，如果其他机组有功调节速度较慢，将难以适应风电出力的快速变化，特殊情况下甚至导致系统频率出现不稳定的情况。

风电大规模发展易导致电压稳定问题。大规模风电场一般位于电网末端，所发电力需要远距离输送至负荷中心。大规模风电出力的变化将对电网造成较大冲击，联络线功率大幅度波动，易导致电网无功电压和安全稳定出现问题，增加电网运行控制的难度。

(4) 跨区电网发展滞后，跨区风电消纳能力不足。

我国风电以集中开发为主，风电需要远距离输送到东中部经济相对发达的负荷中心地区消纳。由于跨区电网联络不强，近年来，蒙东电网、吉林电网、蒙西电网等风电快速发展地区曾发生多起风电出力受限情况。此外，研究表明，2020 年，如果仅考虑本省内的风电消纳能力，全国可开发的风电规模约 5000 万 kW；通过加强跨大区电网互联，促进风电在更大范围内消纳，全国风电开发规模可达到 1 亿 kW以上。

(5) 技术标准不完善，并网管理不规范。

风电技术标准体系不完善，标准不严格，多为非强制标准。2005 年制定的《风电场接入电力系统技术规定》为指导性技术标准，已超过有效时限；相关标准和国外同类标准相比要求偏低。

我国未建立完善的检测认证体系，缺乏并网管理规定。目前，我国已经投运的风电场均未进行过并网检测，对于风电场有功功率控制、无功功率调节、低电压穿越能力、电能质量等方面的技术要求无法落实。大量未经检测认证、不符合技术规定的风电机组并网运行，给电力系统的安全稳定运行带来了一定隐患。

(6) 风电发展相关政策不完善。

项目审批管理有待加强。部分地区风电项目管理不严格，风电项目拆批现象比较普遍，给风电场接入电网的统一规划造成了困难。

全额收购风电的政策有待修改和完善。《可再生能源法》规定了可再生能源发电全额收购的政策。在实际运行过程中，调峰手段受限的电网在低谷时段必须采取特别措施（如火电机组深度压出力或部分火电机组停机等），方能保证风电电量的收购，所付出的经济代价往往远远超过该时段风力发电产生的经济效益，并且存在一定的系统安全运行风险。2009 年 12 月 26 日，第十一届全国人民代表大会常务委员会第十二次会议通过了《全国人民代表大会常务委员会关于修改〈中华人民共和国可再生能源法〉的决定》，于 2010 年 4 月 1 日起实施。其中提出的风电全额保障性收购是对以前全额收购政策的改进。今后在贯彻风电保障性全额收购政策时，要求风电参与系统调峰，风电在有些时段要适当控制有功出力。

对风电送出工程的激励政策有待加大力度。目前，可再生能源电价附加收入调配暂行办法规定的接网补贴标准偏低，难以满足大部分接入电网风电场送出工程的建设投资和运行维护要求。对于大型风电基地的远距离送出工程，现有政策尚未制定合理的电价机制，投资回收困难。

此外，对其他电源为风电消纳提供的调峰、调频、调压等辅助服务没有建立定价和补偿机制。

4.4 太阳能发电

4.4.1 太阳能发电发展形势

近年来，随着能源短缺、环境污染等问题的日趋严重，太阳能发电因其清洁环保、可再生等特点获得了良好的发展机遇，各发达国家纷纷制定太阳能发电的鼓励政策和庞大的光伏工程计划，为太阳能发电产业创造了巨大的市场空间，使其进入了一个高速发展时期，并进而带动了上游多晶硅材料和太阳能电池生产设备的快速发展。近 10 年里，全球太阳能电池产业规模扩大了 35 倍，据有关机构统计，2008 年，世界太阳能电池产量已达 5456MW，组件产量已达 6791MW。

受国际市场拉动，我国太阳能电池产业同期也出现了迅猛增长，2002 年以来我国太阳能电池产量的年均增长速度超过了 100%，2008 年太阳能电池产量已突破 2000MW，继 2007 年之后继续保持全球市场份额第一的地位，多晶硅产量也已突破了 4000t。2008 年我国太阳能光伏产品全年出口已达 63.64 亿美元，2009 年 1—8 月出口达 87.21 亿美元，比 2008 年同期增长 123.4%，接近占太阳能光伏产品国际贸易额的 10%。一批太阳能级硅及光伏企业快速成长为行业的领头羊，薄膜太阳能电池等新技术的研发和产业化崭露头角，太阳能电池生产线和部分多晶硅生产用关键设备已立足于自主研发和生产，上下游产业链本土化进程日益加快。与此同时，太阳能电池产业已成为全国许多地区的发展重点和投资热点，即使是在当前国际金融危机尚未完全消除的大环境下，投资和发展的热情依然不减，且有方兴未艾之势。

然而，在我国太阳能光伏产品出口行业取得巨大成绩的同时，也存在着企业总体规模偏小、低价无序竞争、自主创新能力低等问题。

2009年9月26日，国务院下发了《关于抑制部分行业产能过剩和重复建设引导产业健康发展若干意见的通知》，其中重点涉及的就有光伏产业的产能过剩问题。然而当前我国国内的太阳能光伏产品需求很低，我国光伏产品出口达到生产总量的95%以上，国内需求小于5%，导致整个光伏产品产业存在潜在的巨大风险，在2008年开始的金融危机面前，光伏产品的这个风险暴露出来，在金融危机期间，我国光伏产品行业的订单减少了50%，导致很多企业开工不足，损害了此行业的健康稳步发展。

4.4.2 太阳能发电重大事件

国家实行积极的太阳能发电政策是推动太阳能发电发展的重要因素之一。我国政府将太阳能发电作为改善未来能源结构、应对气候变化和能源安全问题的主要替代能源技术之一，出台了一系列法律法规和相关政策，支持和鼓励太阳能发电行业的发展，形成了促进太阳能发电发展的良好社会环境和政策环境。

(1) 太阳能屋顶计划。

为贯彻《可再生能源法》，落实国务院节能减排与发展新能源的战略部署，加快推进太阳能光伏发电在城乡建筑领域的应用，财政部会同住房和城乡建设部于2009年3月26日联合发布了《关于加快推进太阳能光电建筑应用的实施意见》(以下简称“太阳能屋顶计划”)。内容包括加快推进太阳能光电技术在城乡领域的应用、支持开展光电建筑应用示范、实施“太阳能屋顶计划”、实施财政扶持政策、发挥财政资金政策杠杆引导作用、加快光电商业化发展、加强建设领域政策扶持等。

财政部出台的《太阳能光电建筑应用财政补助资金管理暂行办

法》中详细列出了补助资金的使用范围；补助资金支持项目满足的条件，比如单项工程应用太阳能光电产品装机容量应不小于 50kWp；应用的太阳能光电产品发电效率应达到先进水平，其中单晶硅光电产品效率应超过 16%，多晶硅光电产品效率应超过 14%，非晶硅光电产品效率应超过 6%等；补贴的具体额度，"2009 年补助标准原则上定为 20 元/Wp"，另外还明确了资金来源等内容。

(2) 金太阳计划。

为促进新能源和节能环保等战略性新兴产业的发展，培育新的经济增长点，财政部、科技部、国家能源局于 2009 年 7 月 16 日联合印发了《关于实施金太阳示范工程的通知》（以下简称《通知》），决定综合采取财政补助、科技支持和市场拉动方式，加快国内光伏发电的产业化和规模化发展，并计划在 2～3 年内，采取财政补助方式支持不低于 500MW 的光伏发电示范项目。

(3) 江苏宣布光伏发电实施"固定电价补贴"。

在 2009 年 6 月 19 日下发的《江苏省光伏发电推进意见》中，针对光伏发电快速发展面临的发电成本高、并网协调难度大等瓶颈，江苏发展改革委宣布对光伏发电实施固定电价政策，这是全国首个明确上网电价补贴的文件。

(4) 敦煌光伏项目中标结果公布最终价格为 1.09 元/(kW・h)。

2009 年 6 月，国内最大的光伏电站，"敦煌 10MW 并网光伏发电项目"（下称敦煌项目）招标结束。中广核能源开发有限责任公司、江苏百世德太阳能高科技有限公司和比利时 Enfinity 公司组建的联合体，以 1.0928 元/(kW・h) 的价格竞标成功。

4.4.3 太阳能发电发展中的主要问题

(1) "一事一议"政策使中国光伏市场难以获得大规模发展。

虽然国家已发布实施一系列关于可再生能源发电上网的政策法

规，但在有关规定中，对光伏发电采取的是“一事一议”政策，缺少针对光伏发电特点的、可实际操作的实施细则，使我国光伏市场难以获得大规模发展，国内目前尚没有按照《可再生能源法》中规定的“成本加合理利润”的上网电价、按照商业化运营方式投资建设的太阳能发电项目。

至于2009年出台的《太阳能光电建筑应用财政补助资金管理暂行办法》和《金太阳示范工程财政补助资金管理暂行办法》都只是暂时性的投资侧财政补贴措施，时间为2～3年（到2011年），规模有限［每省（市/自治区）不超过20MW］，难以形成长期的、可持续发展的规模化光伏市场。

(2)“上网电价法”政策未能有效执行，对太阳能发电激励有限。

我国政府拨出大量资金，实施“光明工程”、“送电到乡”项目以及目前的“金太阳工程”等。给这些“工程”、“项目”实施的财政补贴措施，虽然也极大地促进和推动了我国光伏市场的发展，然而毕竟数额有限、时间有限、规模和范围有限，没有形成市场化机制，我国的光伏发电仍然缺乏规模化可持续发展的市场动力。

国际光伏市场的发展经验也说明简单的财政补贴难以推动大规模、可持续发展的光伏市场，例如美欧等国“光伏屋顶计划”、日本的“阳光计划”等。许多国家也采取过几十种鼓励政策促进可再生能源的发展，但效果都十分有限。然而德国依据国家法规制订了可实际操作的“上网电价法”，拉动了光伏市场快速发展，也推动了国际光伏产业的发展；西班牙实施类似德国的上网电价补贴政策，使西班牙2008年成为世界最大的光伏市场。目前效仿德国实施上网电价法的国家和地区已有40多个。

(3) 相关的技术标准和规范不全面，不完整。

在我国已颁布实行的光伏技术标准中，大部分是光伏产品的技术标准，缺少系统的并网光伏发电方面的技术标准，特别是大型并网光伏电站的相关标准和技术规范还是空白，严重影响我国光伏市场的规模化健康发展。在已有的41项光伏标准中，约30项是太阳能电池和组件类标准，与并网光伏发电系统直接相关的仅有3项[1]。

[1] 据悉，最近全国太阳光伏能源系统标准化技术委员会正准备开展加快转换IEC国际标准，修订目前已有的部分国家标准，以及制定新的光伏产品应用形式（如太阳能路灯）的国家标准。参考引自《太阳能》2009年第12期。

5

清洁能源发展亟待解决的重大问题

为实现我国2020年二氧化碳减排目标，在未来一段时期内，我国清洁能源将继续保持快速发展态势。针对我国清洁能源大规模发展中已暴露和潜在的问题，需要重点研究解决清洁能源与电力系统发展关系、清洁能源与电源的协调发展、清洁能源与电网的协调发展等清洁能源发展的重大问题。

5.1　清洁能源与电力系统发展关系

5.1.1　清洁能源发展与电源结构和布局优化调整的关系

(1) 发展清洁能源是优化我国能源结构的重要举措。

我国以煤为主的能源资源条件决定了我国以煤电为主的电源装机结构在相当长时期内不会发生根本改变，但未来随着水电、核电、风电、太阳能等清洁能源的快速发展，煤电在我国电源装机中的比重将不断下降。

2009年底，我国煤电装机容量占总装机容量的71%，发电量占总电量的79%，清洁能源装机容量的比重仅占24%，发电量比重仅占18%。根据我国未来的电力与清洁能源发展趋势，预计到2020年我国煤电装机容量占总装机容量的比重将下降到58.9%，煤电发电量占总发电量的比重将下降到69.1%；清洁能源装机容量占总装机容量的比重将上升到35.2%，清洁能源发电量占总发电量的比重将上升到20.8%。

(2) 清洁能源发展将增大系统电源总装机的规模和投资。

以风电为例，由于其发电出力具有随机性和间歇性的特点，在电源规划中，可用于电力平衡的风电保证容量一般不超过10%，风电的大规模发展可替代的煤电装机容量十分有限，因此，大规模发展风电，我国电源总装机的规模将明显增大，并导致我国电源总投资规模增大。

随着我国跨区大电网的不断发展、送受端电网的不断加强，并加快建设调峰电源，预计到2020年全国风电装机容量可达到1.5亿kW，若按10%保证容量测算，全国发电装机容量增加1.35亿kW，相应将增加电源投资约1.1万亿元。

(3) 煤电的合理布局有利于促进清洁能源的开发利用。

我国的煤炭资源主要分布在西部和北部的晋陕蒙宁新地区，而电力负荷中心主要分布在中东部的京津冀鲁、华东地区、华中东四省等地区，煤炭资源与电力需求呈逆向分布特征。长期以来，我国煤电布局以分省分区平衡的发展方式为主，带来了中东部地区环保压力大、铁路煤炭运输紧张等问题。加大煤电在我国西部和北部煤炭基地的建设力度，构建“输煤输电并举”的能源综合运输体系，优化我国煤电布局，对于全国降低电力供应总成本、提高煤炭资源综合利用效率、优化利用全国土地和环境资源、促进区域经济协调发展，都具有重大意义，能够从根本上促进我国电力工业的健康可持续发展。

随着风电等清洁能源的快速发展，煤电的合理布局在促进我国清洁能源发展方面的重大作用也日益凸显。

我国风能资源分布集中，具备大规模、基地式开发的条件。“三北”（东北、华北、西北）地区是我国最大的成片风能资源丰富带，初步规划建设甘肃酒泉、新疆哈密、蒙西、蒙东、吉林、河北等千万千瓦级风电基地。在以上风电基地中，受当地负荷水平低、电网网架薄弱等因素的制约，当地风电消纳能力十分有限，都必须通过跨区域远距离外送来解决风电的大规模消纳问题，尤其是新疆哈密、甘肃酒泉、蒙西等地区的风电，受输电距离远和输电走廊有限等因素的约束，都有通过特高压线路跨大区外送的必要。然而，风电单独远距离外送的技术风险较大，经济性也不合理。考虑到新疆哈密、甘肃酒泉、蒙西等地区都具备建设大型坑口或路口煤电基地的条件，规划建设特高压交直流外送通道，将风火联合开发后通过特高压线路联合送出，既是一种技术上可行、经济性较优的方案，又能解决风电的大规模开发和消纳问题。2020年前，主要考虑风火联合外送；2020年后，随着太阳能发电经济性的大幅提高，西部丰富的太阳能资源将进入大规模开发阶段，受当地消纳能力的限制，可考虑通过风、光、火三种电源联合外送的方式扩大风电、太阳能发电的开发规模。因此，优化煤电布局对促进我国清洁能源的开发利用十分必要。

5.1.2 清洁能源发展与系统调峰的关系

随着国民经济产业结构的优化调整和人民生活水平的提高，社会用电结构发生了较大变化，电网峰谷差逐步加大，部分地区的用电峰谷差率已达到40%。我国电源结构以煤电为主（2009年煤电装机容量占发电总装机容量的71%），且在未来相当长的时期内难以根本改变。在我国煤电装机中，热电联产机组所占比重大，供热期间发电出力调节困难。一般情况下，核电不参与系统调峰；风电反调峰特性明显；受水电自身的调节能力、水库综合利用、丰水期全天满容量发电等因素的影响，水电的调峰能力也经常受到约束。综合来看，我国电力系统调峰能力有限，清洁能源的大规模开发将进一步增加系统的调峰难度。

5.1.3 清洁能源发展与系统备用的关系

为满足负荷需求、保证电力系统安全稳定运行，系统中必须留有一定的备用容量，包括负荷备用、事故备用和检修备用等。对于由多种电源构成的电力系统，系统备用容量的分配具有多种选择，抽水蓄能电站和有调节能力的常规水电、常规煤电都具有承担系统备用容量的能力。而风电、太阳能发电等由于其随机性和间歇性的出力特性，不适于承担系统备用容量；当系统中的风电、太阳能发电等新能源发电装机规模较大时，系统需要留有更大的备用容量，并由常规发电机组承担，以保证发电与用电的实时平衡和系统的安全稳定运行。

5.1.4 清洁能源发展与电网发展的关系

（1）未来我国水电开发重点在西南地区，除满足当地需求外，西南水电主要通过特高压电网输送到中东部地区消纳。

我国西南地区水电资源蕴藏量巨大，四川、云南、西藏等西南地区的水电技术可开发量约达到3.6亿kW，占全国的66.7%。截至2009年底，西南地区水电开发率小于20%，是我国未来水电开发的主要地区。预计2010—2020年，我国将新增水电装机容量1.65亿kW，新增水电装机主要分布在四川、云南等西南地区。到2020年前后，预计西藏水电也将进入大规模开发阶段。

四川、云南、西藏地区经济发展相对滞后，负荷水平较低，根据各主要流域的开发规划及项目前期工作情况，西南水电满足当地电力需求后，需要大规模送往中东部负荷中心地区消纳。根据发展规划研究，预计2020年西南水电外运规模将超过7000万kW。

综合考虑输电走廊的合理利用、受端电网的安全稳定运行、更低的电力传输损耗和更高的输电经济性，西南水电的大规模开发及外送需要建设1000kV交流输电及±800kV直流输电。向家坝—上海和云南—广东两个西南水电外送工程均是±800kV特高压直流工程，将为我国西南水电的大规模开发和外送创造条件并积累工程经验。因此，加快特高压电网建设，是我国水电大规模开发利用的必然要求。

(2) 未来我国核电的优先发展地区是东部沿海和中部缺能省区，随着大型核电基地的逐步形成，需要同步加强电网建设，适应大规模核电的集中接入和疏散。

华东沿海地区是我国未来核电优先发展的重点地区之一，根据未来电力需求及负荷预测，预计2020年华东地区的全社会用电量将达到1.85万亿kW·h，最大负荷达到3.14亿kW。结合国家核电发展相关规划及满足当地电力发展需要，预计2020年华东地区核电装机容量将达到3200万kW。

根据国家发展规划，未来我国核电机组主要选择第三代核电技术AP1000，单机容量为125万kW（法国EPR技术的核电机组单机容量为175万kW）。由于核电厂址选择标准较高，我国各核电站厂址大多规划容量为4台或6台核电机组，采用三代核电机组的核电站装机容量大多在500万～750万kW之间。因此，随着我国中东部地区大型核电基地的逐步形成，需要同步加强电网建设，适应核电大规模电力的集中接入和高效疏散。

(3) 为满足风电和太阳能发电的分散式开发利用，需要加强配电网的建设，满足风电和太阳能发电的分散接入。

风电和太阳能发电的开发利用主要有两种方式：一种是分散式开发利用，另一种是集中式开发利用。

未来风电的分散式开发利用主要以建设中小型风电场为主，充分利用当地的清洁能源。

未来的太阳能分散式开发利用有两种方式：一种是发挥太阳能发电能够分散供电的优势，在西藏、青海、内蒙古、新疆、宁夏、甘肃、云南等省（自治区）的偏远地区以及海岛地区推广户用光伏发电系统或建设小型光伏电站，解决这些地区的供电问题；另一种是在北京、上海、江苏、浙江、广东等经济较发达地区的大中城市，建设屋顶并网光伏发电设施，扩大城市可再生能源的利用量。

因此，为促进风能、太阳能的分布式开发利用，需要加强配电网建设，增大电网的智能化程度，方便风能、太阳能发电的分散接入，促进风电、太阳能发电的开发利用，扩大清洁能源的利用量。

（4）我国风能和太阳能资源分布与电力负荷中心分布不一致，随着风电和太阳能发电的大规模集中开发，需要加强区域电网互联，扩大风电和太阳能发电的消纳范围和规模。

我国风能和太阳能资源分布与电力负荷中心分布不一致，随着风电和太阳能发电规模的不断增大，受当地电网消纳能力不足的限制，大规模集中开发并外送将成为我国风电和太阳能发电的主要利用方式。

“三北”（东北、华北、西北）地区是我国最大的成片风能资源丰富带，具备基地式、大规模开发的条件，适合建设百万千瓦级、千万千瓦级的大型风电基地。受当地电力需求水平、电网规模等因素的制约，本地消纳风电的能力十分有限。为促进风电的进一步开发利用，风电需送到区域电网内其他省份乃至其他区域电网消纳。

在我国初步规划建设的几个千万千瓦级风电基地中，吉林风电主要在东北电网内消纳；河北风电初期在华北电网内消纳，随着风电的进一步开发，需要在整个“三华”（华北—华中—华东）电网内消纳；随着核电的大规模发展和大规模外来电的进入，江苏的风电消纳能力也将不足，江苏沿海风电也需要在华东电网内消纳；甘肃酒泉风电需要在西北电网内消纳，同时其部分风电需要与火电联合开发输送到“三华”电网消纳；内蒙古当地风电消纳能力有限，未来内蒙古风电的大规模开发需要与火电联合输送到东北电网和未来将要形成的“三华”特高压同步电网消纳；新疆电网风电消纳能力有限，2020 年可以消纳 320 万 kW 左右，新疆大规模风电必须与火电联合开发后通过特高压直流输送到“三华”电网消纳。

从我国太阳能资源分布来看，内蒙古、甘肃、新疆等地区是我国太阳能资源十分丰富的地区，结合当地的经济地理条件，太阳能发电的最佳利用方式是在太阳能资源最为丰富的荒漠、戈壁、荒滩上建设大型并网太阳能发电基地，进行太阳能的大规模集中开发利用。然而，与风电类似，太阳能发电也具有随机性和间歇性的特点，大规模的太阳能发电并网将会对电力系统安全稳定控制提出更高的要求。我国未来的太阳能光伏发电基地主要集中在西部偏远地区，当地电网可接纳太阳能发电的规模有限，太阳能发电基地存在着与风电基地相同的远距离、大容量输送需求。

未来我国风电、太阳能发电的大规模集中开发利用都存在大规模、远距离输送到区域电网内其他省份乃至其他区域电网的需求。建设强大的特高压电网是促进我国风电、太阳能发电的大规模快速发展的必然要求。

5.2 我国清洁能源与电源协调发展方式

5.2.1 清洁能源与电力协调发展的主要原则

安全性原则：安全性主要体现在电源装机容量能够满足系统负荷需求并留有合理备用，各类电源的出力能够互相调剂、时刻满足负荷需求并及时跟踪负荷变化；构建坚强智能电网，方便各类电源的接入，并能够满足电力的汇集、传输和分配。

经济性原则：经济性主要体现在各类电源的发展要充分考虑其投资和运行成本水平，并结合输配电的投资和运行成本，考虑各种发电的环境外部成本，以全社会电力供应总成本最低为目标，以满足电力用户的承受能力为基本条件，研究清洁能源与电力的协调发展关系。

清洁性原则：清洁性主要体现在满足电力系统安全运行的前提

下，通过优化煤电布局，加大清洁能源的发电装机比重；充分利用其他电源的调节能力，尽量增大水电、核电、风电、太阳能发电等清洁能源的开发规模，减少电力行业的化石能源消耗及二氧化硫、氮氧化物、烟尘、二氧化碳排放，促进电力工业的绿色、低碳发展。

5.2.2 风电消纳能力分析

（一）风电出力特性分析

从电力系统规划和运行的角度出发，构建风电保证容量和风电有效出力两个风电出力特性评价指标。

保证容量：把负荷高峰时段的风电出力按从大到小排序，在某一保证率下（如95%）风电的最小出力。风电保证容量主要用于衡量在进行电力平衡分析时风电可为系统提供的容量。若风电具有一定的保证容量，即认为可替代对应保证容量的火电装机容量。

有效出力：把负荷低谷时段的风电出力按从小到大排序，在某一保证率下（如95%）风电的最大出力。风电有效出力主要用于衡量在负荷低谷时段风电大发时对系统的调峰容量需求。风电作为间歇性能源，其满发或接近满发的概率很低。在保证绝大部分风电电量上网的前提下，对极少数时段的风电尖峰出力进行适当限制，能有效降低输电投资，提高输电线路的利用效率。

以甘肃酒泉风电为例，根据现有统计资料，在系统负荷高峰时段，95%的概率范围内酒泉风电出力大于装机容量的1.4%，即定义酒泉风电的保证容量为1.4%（见图5-1）；在系统负荷低谷时段，95%的概率范围内酒泉风电出力不超过装机容量的62.9%，即定义酒泉风电的有效出力为62.9%（见图5-2）。在负荷低谷期风电出力超过有效出力的少数时段，需要对风电出力进行适当调节，对应的全年损失电量十分有限。

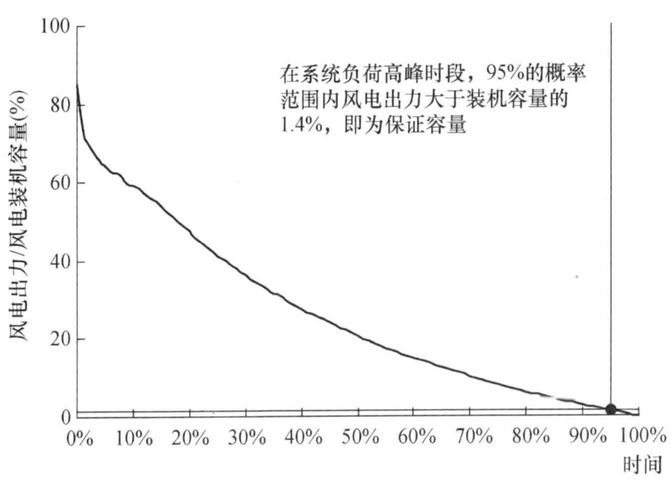

图5-1　酒泉风电保证容量示意

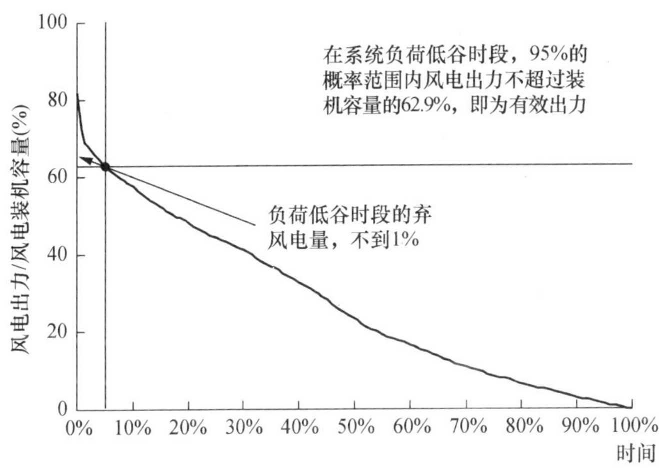

图5-2　酒泉风电有效出力示意

（二）风电消纳能力分析

风电出力具有随机性和间歇性的特点，并具有明显的反调峰特性。风电大规模并网后，其他电源除满足负荷的变化外，还要跟踪风电的随机波动，风电大规模并网对其他电源的调节能力提出了更高的要求。为促进风电的大规模发展和消纳利用，必须加大抽水蓄能等调峰电源的建设规模。

根据我国风能资源的分布特点，未来我国的风电发展将呈现大规模、高集中的开发趋势。“三北”地区受负荷水平低、系统规模小等条件的限制，其风电消纳能力十分有限。必须增强跨省跨区的电网互联，在区域电网乃至跨区电网范围内配置风电资源，才能实现我国风电的跨越式发展。

国网能源研究院研究提出了风电与电力系统整体规划模型，在满足系统电力电量平衡、调峰调频平衡的前提下，以全社会电力供应总成本（含各类电源、跨省跨区互联电网的投资、运行成本及环境外部成本）最低为目标，进行系统电源发展的优化规划，优化配置各种电源的规模和布局，合理发展跨省跨区输电，然后进行风电消纳能力分析和校核。该模型的简化分析流程如图 5-3 所示。

在电源结构优化确定后，根据系统的负荷水平及特性等，通过系统生产模拟分析，确定各地区的风电消纳能力。风电参与系统电力平衡及调峰平衡简化示意如图 5-4 所示。

电力系统的风电消纳能力随负荷、供热期/非供热期、丰水期/枯水期的变化而变化，具有明显的季节性特征（某电网逐月的风电消纳能力如图 5-5 所示）。各电力系统的合理风电消纳能力是指各月中最小的风电消纳能力；在风电消纳能力最小的月份，允许在少数风电大发情况下适当限制风电出力（低谷时段超过有效出力部分）。

初步研究表明：2020 年我国技术可行、经济较为合理的风电开发规模为 1 亿 kW。若按照全国 2020 年 1.5 亿 kW 的风电开发规模，华北—华东—华中必须形成坚强的“三华”同步电网，充分发挥大电网的错峰、降低峰谷差、充分利用水电调节能力等效益，一方面增大“三华”地区内的风电开发规模，另一方面加大“三北”风电的送入规模，才能实现全国 1.5 亿 kW 的风电开发规模。

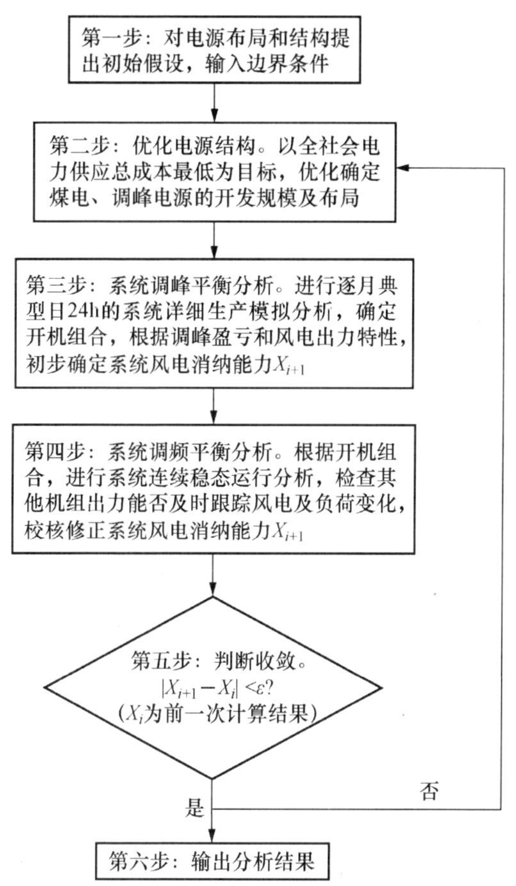

图 5-3 风电与电力系统整体规划简化模型框架

5.2.3 抽水蓄能电站的开发规模与布局

抽水蓄能电站具有调峰、调频、事故备用、黑启动等多种功能，且响应速度快，具有良好的负荷跟踪效益。同时，抽水蓄能电站还是目前发展最成熟的蓄能电源，抽水蓄能的大规模发展能有效促进我国清洁能源的大规模开发。未来，我国抽水蓄能电站的发展思路为：以电力系统需要和生态环境保护为前提，以保障电力安全可靠经济供应和社会效益与企业效益并重为原则，统筹规划，有序开发，优先在火电比重大、水电资源缺乏地区和峰谷差较大的负荷中心地区建设抽水

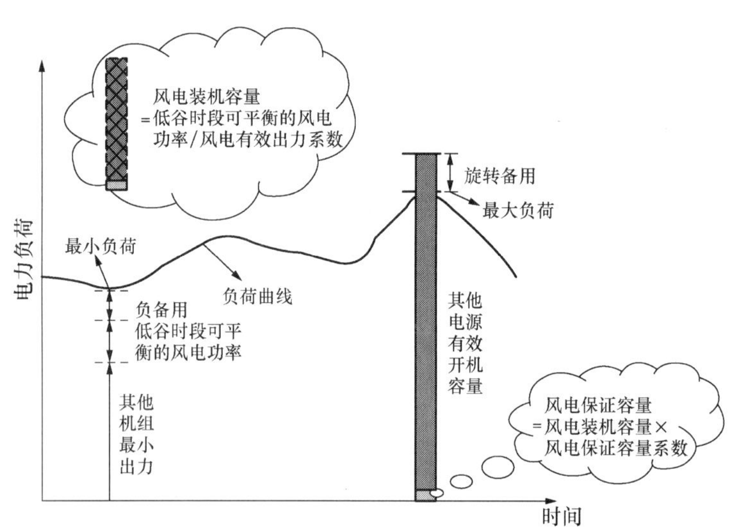

图 5-4 风电参与系统电力平衡及调峰平衡简化示意

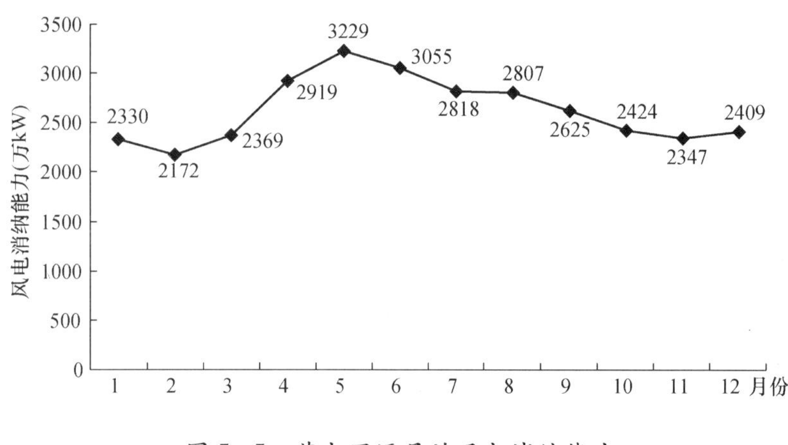

图 5-5 某电网逐月的风电消纳能力

蓄能电站，优化电源结构，促进节能减排。

我国东西部地区的经济发展水平和电力发展状况差异显著，未来我国抽水蓄能电站的布局原则为：东中部负荷中心相对集中，电力负荷峰谷差大，抽水蓄能站址资源较好，具备建设抽水蓄能的需要和条件，因此，应加大华东、华北、华中和南方地区抽水蓄能电站的建设力度；同时，在东北和西北地区结合风能、太阳能等可再生能源的大规模开发，因地制宜地建设一定规模的抽水蓄能电站。

结合未来我国的核电、风电等清洁能源大规模发展的情景，根据电源优化和系统生产模拟分析，预计到 2020 年我国抽水蓄能电站装机容量将达到 5300 万 kW。2020 年全国抽水蓄能装机分布如图 5-6 所示。

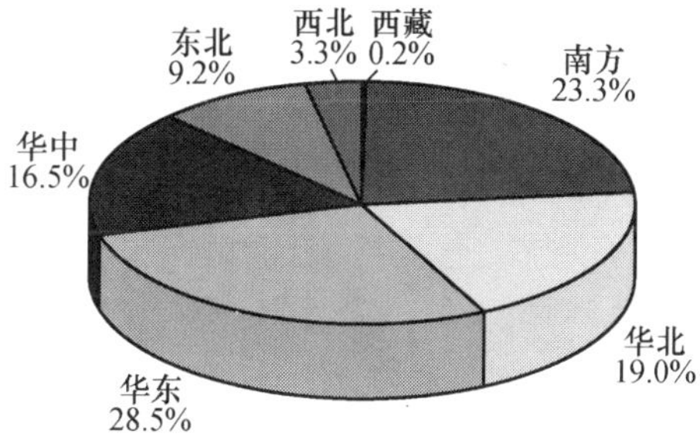

图 5-6 2020 年全国抽水蓄能装机分布

5.2.4 未来我国电源总体发展情景分析

研究表明，到 2020 年我国发电装机容量将达到 17.5 亿 kW 左右，未来我国电源发展呈现以下两大特点：

清洁能源发电装机和发电量比重不断增大，电力在节能减排中将发挥不可替代的重要作用。

2009 年我国清洁能源发电装机容量占总装机容量的比重为 24%，2020 年将上升到 35%，其中，水电、核电、风电、太阳能发电在清洁能源装机中的比重分别为 56.4%、13.0%、24.3%、3.9%。同时，我国煤电装机容量（含供热）占总装机容量的比重不断降低，将从 2009 年的 71.4%逐步下降到 2020 年的 58.9%。2020 年及以前，在清洁能源发电容量结构中，水电一直占主导地位，核电和风电也各自占有一定比重，太阳能发电所占比重较小。2020 年我国电源装机容量结构如图 5-7 所示。

2020 年，清洁能源发电量占总发电量的比重将上升到 28.9%，比 2009 年上升 10.6 个百分点。由于风电、太阳能等清洁能源发电设备利用小时数较低，清洁能源发电量比重将低于清洁能源发电装机容量比重。2020 年我国各类装机发电量比重如图 5-8 所示。

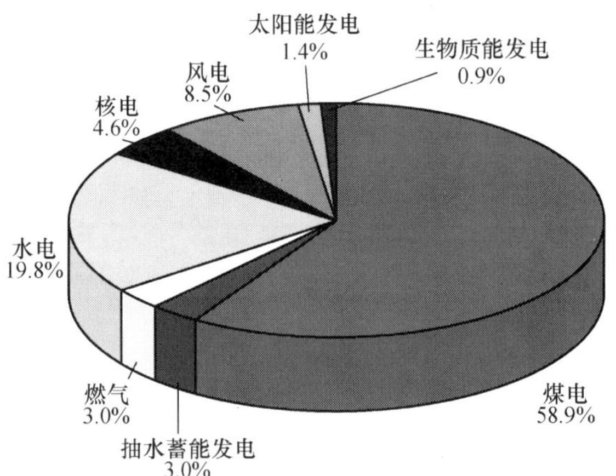

图 5-7 2020 年我国电源装机容量结构

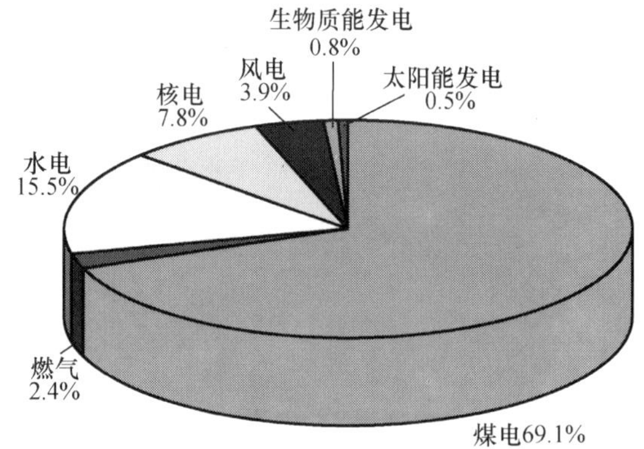

图 5-8 2020 年我国各类装机发电量比重

煤电布局不断优化。

未来我国煤电发展重心将逐渐从中东部地区转移到煤炭资源丰富的山西、陕西、内蒙古、宁夏、新疆等西部和北部地区。2009 年，晋陕蒙宁新五省区的煤电装机（含供热）容量占全国煤电总装机容量的比重为 20.2%，到 2015 年将上升到 29.9%，2020 年将上升到 38.3%。

5.3 我国清洁能源与电网协调发展方式

5.3.1 我国清洁能源输送方式

未来我国水电开发重点在西南地区，距离中东部负荷中心较远，

未来西南水电将采用特高压交直流混合系统外送。我国西部地区经济发展水平相对较低，西南水电在满足当地电力需求后，需要大规模送往华中、华东等负荷中心地区。由于输电距离较远，现有的500kV输电技术无法满足西南水电远距离外送的需要，因此，加快建设特高压输电，是我国西南水电大规模开发利用的必然要求。从长远来看，在电力规划中需要协调好四川、西藏等地区各流域水电的建设时序，在满足当地电力需求的基础上，合理规划送出规模、目标市场、输电方式和通道，确保送出通道长期稳定的电力输送规模。

风电、太阳能发电开发重点在西部和北部地区，当地消纳能力有限，且距离中东部负荷中心较远，宜采用特高压交直流外送。综合考虑我国风电等清洁能源的发展特点及技术经济条件，清洁能源和火电统筹建设、联合输送是最为合理的选择。单纯送风电会对送受端电网频率控制、电压稳定产生较大影响；直流大规模远距离单纯送风电，协调控制也比较困难，国内外尚无运行经验。风电与其他类型电源联合输送，具有可以实现出力平滑、送受端系统稳定、输电效率大幅提高、降低电力供应成本、对电价推动最小等优点，经济优势显著。西北部地区未来可开发的水电资源较少，我国又是少油缺气的国家，与油气电源联合，不符合我国的资源条件，代价高。西部和北部地区煤炭资源丰富，具备开发建设大型煤电基地的条件，风火联合开发输送是唯一可行的选择。因此，充分利用西部和北部地区丰富的煤炭资源和清洁能源资源，建设大型电源基地，将煤电、风电、太阳能发电开发后联合送出，是一种技术可行、经济合理、能有效扩大清洁能源消纳范围和规模的电力发展方式，是促进我国清洁能源发展、优化能源消费结构的客观要求。

5.3.2 风电大规模外送相关问题探讨

根据分地区风电消纳能力分析，除江苏沿海风电基地所在的华东电网外，其他六个风电基地所在电网的消纳能力均不足，要大规模开发风电，必须通过跨区电网外送。

（一）风电单独外送经济性及输电容量的合理配置分析

根据各风电基地的出力特性分析可以看出，风电场满出力或接近满出力的概率很小。若为了传输风电大发对应的小部分电量而大幅度增加输电通道的容量，从经济性的角度来看并不合算。从整个系统的角度来看，对于一定容量的输电通道，若在少数风电大发时采取限制风电场出力的措施，单就风电场而言，风电利用小时数降低，上网电价上升；但同一输电通道可并网的风电装机规模增大，输电通道的利用小时数提高，输电电价降低；综合考虑风电场及输电环节，可以在风电场的装机规模和输电通道的容量之间寻找到合理的匹配关系，使风电输送到目标市场的落地电价最低。

以哈密—河南、酒泉—湖南两回±800kV 直流输电线路为例，对风电单独外送经济性及输电容量的合理配置进行分析。

(1) 主要边界条件。

风电上网电价：根据国家发展改革委最新发布的《全国风力发电标杆上网电价》，哈密的风电标杆电价为 0.58 元/(kW·h)，酒泉的为 0.54 元/(kW·h)。在对风电出力进行限制时，在保证风电场相同收益的前提下，提高风电的上网电价。

火电上网电价：根据最新的火电标杆上网电价，送受端各地区的火电标杆电价为：新疆，0.235 元/(kW·h)；甘肃，0.2815 元/(kW·h)；河南，0.3912 元/(kW·h)；湖南，0.4405 元/(kW·h)。

风电年利用小时数：根据风电出力特性分析，哈密风电的年平均利用小时数为 2180h，酒泉风电的年平均利用小时数为 2190h。

输电技术经济参数：±800kV 直流输电容量按 750 万 kW 考虑；±800kV 直流输电采用 6×900 导线，输电线损率为 0.3%/100km，两端换流站的损耗合计按 1.5％考虑；哈密—河南的输电距离为 2400km，酒泉—湖南的输电距离为 2400km；输电投资资本金的内部收益率取为 8％。

(2) 研究结论。

对于特高压直流风电单独外送，输电容量按风电装机容量的 60％～70％配置较为合适。其中，对于酒泉—湖南±800kV 直流，若采用单独外送风电的方式，将输电容量按装机容量的 60％配置时，综合考虑风电场及输电的投资和收益，输电到达受端电网的落地电价最低；对于哈密—河南±800kV 直流，若采用单独外送风电的方式，将输电容量按装机容量的 70％配置时，综合考虑风电场及输电的投资和收益，输电到达受端电网的落地电价最低。落地电价与风电限制出力的关系如图 5-9 所示。

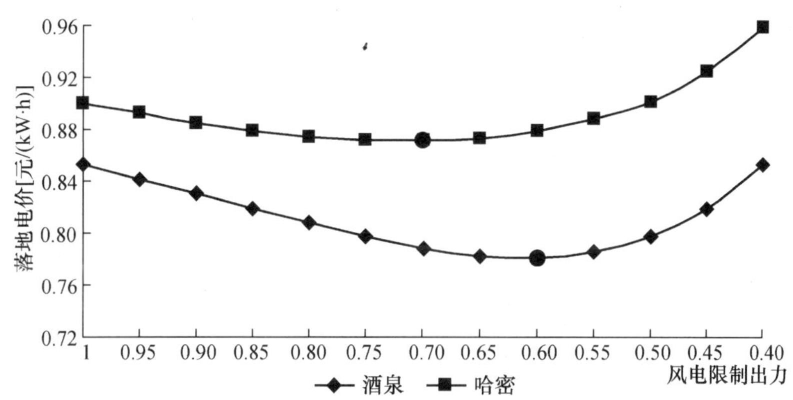

图 5-9 落地电价与风电限制出力的关系

从图 5-9 也可以看出，由于风电是间歇性、随机性能源，风电的年平均利用小时数较低，单独远距离输送导致输电通道的利用率很低，输电经济性较差，加之风电上网电价较高，单独输送风电到受端电网的落地电价将不具有竞争优势。其中，对于酒泉—湖南±800kV 直流，输电容量按装机容量的 60％配置，输电到达受端电网的落地电价为0.78元/(kW·h)，是受端火电标杆电价的1.8倍；对于哈密—河南±800kV直流，输电容量按装机容量的70%配置，输电到达受端电网的落地电价为0.87元/(kW·h)，是受端火电标杆电价的2.2倍。

（二）风火联合外送的比例分析

风电与其他电源联合输送，可以实现出力平滑，送受端系统稳定，输电效率大幅提高，降低电力供应成本。

西北地区未来可开发的黄河上游水电资源有限，且远离酒泉、新疆风电基地；抽水蓄能建设周期长，从站址普查到建成一般需要10年以上的时间，目前，相关抽水蓄能站点大多处于站址普查阶段。西北地区煤炭资源丰富，具备开发建设大型坑口和路口煤电基地的条件。2020年前，西北地区风电基地开发外送的唯一可行方式就是风火联合开发外送。同时，西北地区煤电与清洁能源配套建设，可以在不增加全国煤电装机总量的情况下，优化全国煤电布局。

(1) 分析方法。

风火联合开发输送比例与送端风电的出力特性、送端火电的最小出力、送电曲线（外送电参与受端电网调峰的深度）等因素相关。在满足系统调峰平衡的前提下，尽量增大风电的装机规模，促进清洁能源的大规模发展。

为满足输电线路的送电容量，在受端电网负荷高峰时段、输电线路满功率送电时，需考虑风电出力较小时能满足输电线路满功率送电；为满足火电最小出力的要求，在受端电网负荷低谷时段、输电线路送电容量较小时，需考虑风电大发时火电的调节能力能满足线路输送功率的要求。

(2) 主要边界条件。

火电最小出力：哈密、酒泉、锡盟、赤峰等大型煤电基地建设一般均采用 60 万 kW 及以上的高效、大容量火电机组，考虑到火电频繁深度调节会导致煤耗水平的上升，风火联合输送时火电的最小出力按不低于 50%考虑。

外送电参与受端电网调峰深度：从哈密、酒泉、锡盟、赤峰等大型能源基地向中东部地区送电，具有输电距离远、工程投资大等特点。为尽量提高输电线路的利用效率，能源基地向区外送电应尽量不参与受端电网的调峰。但受端地区负荷峰谷差大，随着外来电规模的不断增大，系统调峰难度将不断增大。因此，区外送电应根据受端的需求，适当参与受端电网调峰；同时，为保证输电线路的利用效率，调峰深度不宜太大。研究中，区外送电按 10%的额定功率参与受端电网调峰，即受端电网负荷低谷期的区外送电容量按 90%考虑。

(3) 风火联合开发输送比例。

根据统计分析，一般情况下风电场的有效出力系数（风电场有效出力/风电场装机容量）不超过 90%，不考虑风电的保证容量，负荷低谷时段送电容量按 90%考虑，火电最小出力按 50%考虑。

分析结果表明，不同风电出力特性下的风火联合开发输送比例在 1∶1.5～1∶2.2 之间，且风电有效出力系数越高，对于同样规模的风电，需配套的火电装机越大。其中，哈密、酒泉、锡盟、赤峰特高压直流电力外送的风火联合输送的合适比例分别为 1∶1.9、1∶1.6、1∶1.9、1∶2.1。

以±800kV 直流（输电容量 750 万 kW）为例，不考虑风电的保证容量，风电有效出力系数按 80%考虑，风火联合输送比例为1∶2，其中火电装机容量为 750 万 kW，风电装机容量为 375 万 kW。校核分析如下：

受端电网负荷高峰期，直流送电容量为 750 万 kW：若风电出力为零，火电出力为 750 万 kW，火电出力率为 100%；若风电大发，风电出力为 300 万 kW（风电出力达到装机容量的 80%），火电出力为 450 万 kW，火电出力率为 60%。

受端电网负荷低谷期，直流送电容量为 675 万 kW：若风电出力为零，火电出力为 675 万 kW，火电出力率为 90%；若风电大发，风电出力为 300 万 kW（风电出力达到装机容量的 80%），火电出力为 375 万 kW，火电出力率为 50%。

可见，在各种情况下，火电出力率均不低于 50%，在火电的调节范围之内，能够满足调峰需求。

（三）风火联合输送经济性分析

哈密、酒泉、锡盟、赤峰等地区的风电和火电联合开发外送，是提高风电外送经济性的良好方式。与纯风电外送相比，风火联合外送具有两点优势：一是火电上网电价较低，能大幅降低平均上网电价；二是火电参与风电调节，能保证输电通道的利用小时数，可有效降低输电价。本节以酒泉—湖南±800kV 直流为例，对风火联合外送的经济性进行详细分析。在进行风火联合外送经济性分析时，各技术经济参数参见风电单独外送的各技术经济参数。

(1) 平均购电价。

在纯风电外送方案下，输电通道完全用来满足风电的外送需求，因此，输电通道的年利用小时数由风电的发电量所决定。在风火联合外送方案下，火电参与风电调节，能有效保证输电通道的利用率。在风电的装机规模和利用小时数已确定的情况下，输电通道利用小时数的变化必然引起送端火电机组利用小时数的变化，导致送端上网电量中风电和火电比重的变化，从而引起上网电价的变化。

分析结果表明，当输电通道利用小时数由 6000h 增加到 7000h 时，酒泉—湖南输电通道的送端平均上网电价将由 0.3412 元/(kW·h) 降低到 0.3326 元/(kW・h)。平均购电价与输电小时数的关系如图5-10所示。

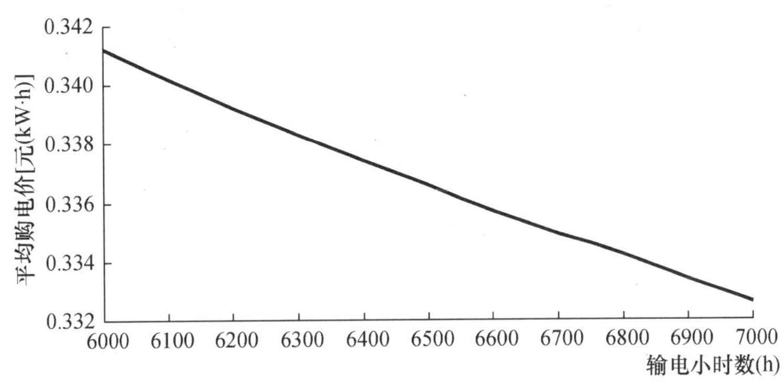

图 5-10 平均购电价与输电小时数的关系

(2) 输电电价。

输电小时数的变化将引起输电电价的变化。分析结果表明，当输电小时数由 6000h 增加到 7000h 时，酒泉—湖南±800kV 直流的输电电价将由 0.1185 元/(kW・h) 降低到 0.1046 元/(kW・h)。输电电价与输电小时数的关系如图 5-11 所示。

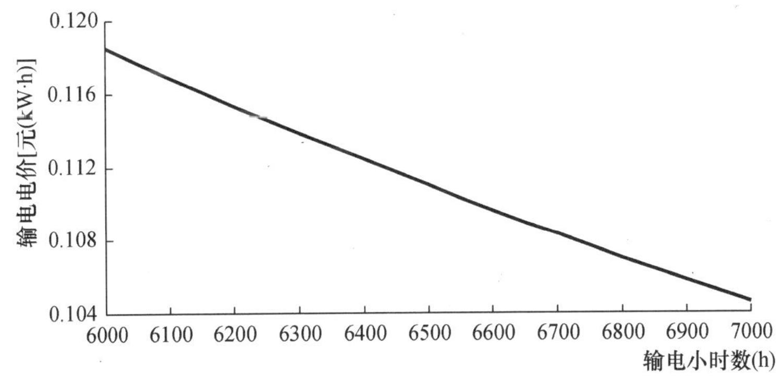

图 5-11 输电电价与输电小时数的关系

(3) 落地电价。

根据上网电价和输电电价的分析结果，当输电小时数由 6000h 增加到7000h时，酒泉—湖南±800kV直流风火联合输电到受端的落地电价将由0.4597元/(kW·h)降低到0.4372元/(kW·h)。其中，当输电小时数高于6840h时，风火联合输电到受端的落地电价将低于受端的标杆上网电价［0.4405元/(kW·h)］，具有一定的经济优势。落地电价与输电小时数的关系如图5-12所示。

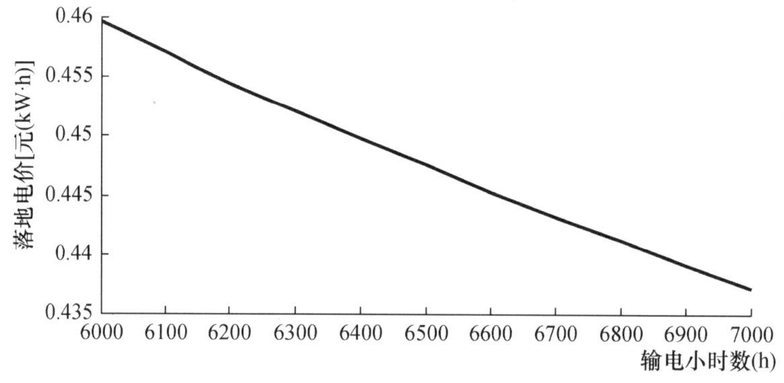

图5-12 落地电价与输电小时数的关系

(4) 火电机组利用小时数。

风火联合外送需考虑送端发电企业的合理收益。在风电全额收购和联合风电规模已确定的情况下，火电机组利用小时数与输电通道的利用小时数密切相关。分析结果表明，当输电小时数由6000h增加到7000h时，酒泉—湖南±800kV直流送端火电机组利用小时数由4650h增加到5650h。其中，当输电小时数超过6350h时，送端火电机组利用小时数将超过5000h，火电企业的合理收益将得到有效保证。送端火电机组利用小时数与输电小时数的关系如图5-13所示。

从以上分析结果可以看出，对于酒泉—湖南±800kV直流输电，为了使风火联合输电到受端的落地电价具有价格优势，输电通道的利用小时数应达到6840h以上；为了保证送端火电的合理收益，输电通道的利用小时数应达到6350h以上。综合协调风电、火电、电网、用

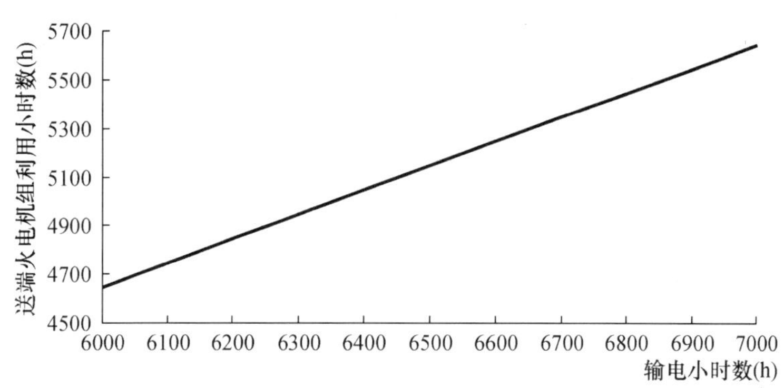

图 5－13 送端火电机组利用小时数与输电小时数的关系

户之间的关系，酒泉—湖南输电通道的利用小时数应达到 6840h 以上。

5.3.3 未来我国电力流格局

在一次能源资源贫乏、环保空间有限的中东部地区，大力发展核电、风电等清洁能源发电，适度发展燃气电站和抽水蓄能电站，除必要的热电联产机组外，严格控制燃煤电厂发展规模，为西部、北部的水电、火电、风电及太阳能发电保留充分的市场空间。西南水电，西部北部的火电、风电及太阳能发电大规模发展，除满足当地电力需求外，为中东部地区持续提供清洁的、具有经济竞争力的优质电能。积极发展与周边国家的电力合作，实现并逐步扩大从缅甸、蒙古、俄罗斯、哈萨克斯坦等国引进电力的规模，符合我国的整体能源发展战略，是未来我国能源进口的有效途径。

基于以上清洁能源大规模开发、远距离输送的发展情景，未来我国能源电力的发展格局是：以建设坚强的特高压电网为核心，大型煤电基地、水电基地、核电基地和可再生能源发电基地快速发展，多种能源资源在全国范围内优化配置。具体而言，在特高压交流试验示范工程成功验证的基础上，加快实施后续工程，逐步建设形成“三华”特高压同步电网；晋陕蒙宁新煤电、西南水电、西北风电等能源基地以及周边国家电力通过特高压交直流混合系统向“三华”电网送电。呼盟能源基地及俄罗斯电力分别通过多回线路与负荷中心相连，其中呼伦贝尔煤电基地通过特高压交流、特高压直流实现大规模电力外送。

初步规划，到2020年，全国将形成四大同步电网，即以“三华”同步电网为核心，通过直流与东北、西北、南方电网互联，连接各煤电基地、水电基地、核电基地、可再生能源基地和主要负荷中心，构建各级电网协调发展的坚强智能电网。未来我国总体电力流向示意如图5-14所示。

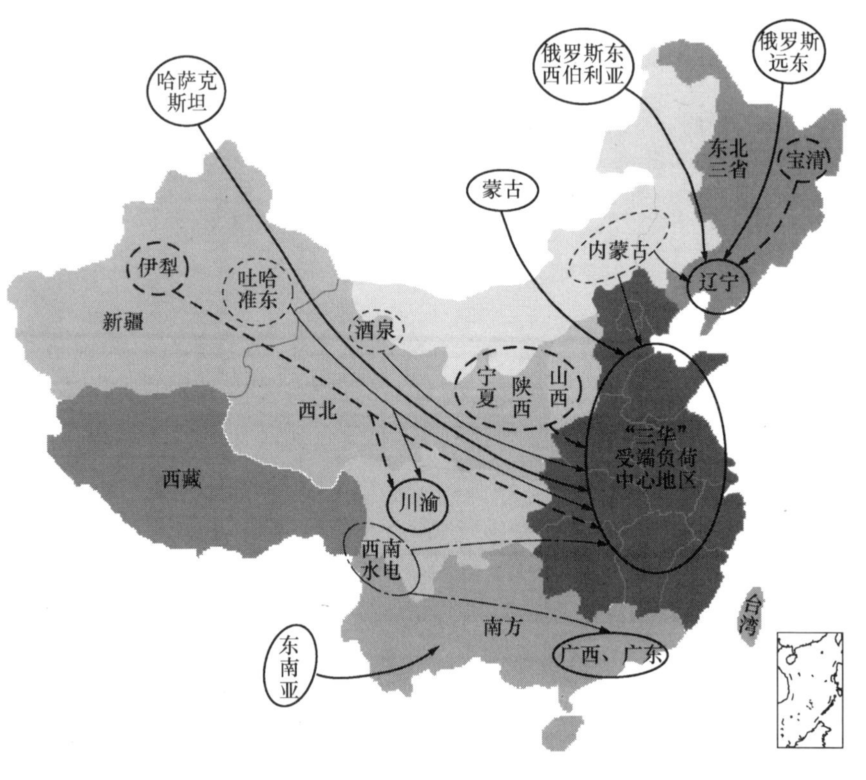

图5-14 未来我国总体电力流向示意

三

2010年发展形势展望篇

2010年，是我国“十一五”规划的收尾之年，也是世界经济是否能够走出危机、我国经济继续保持平稳较快发展的关键一年。合理分析国际国内经济发展走势，科学预测能源、电力供需发展形势，是提前发现并积极应对2010年我国发电能源供应与电源发展中可能存在问题的基本前提。

6

2010年发展形势分析及预测

6.1 宏观经济发展形势分析

2009年，在国家宏观经济政策调控的作用下，我国实现了8.7%的高GDP增长率，经济运行形势良好。国家统计局数据显示，2009年，我国经济增速从第一季度的6.2%，一路上行至第二季度的7.9%、第三季度的9.1%、第四季度的10.7%，经济发展呈加速趋势。

在2010年3月的十一届全国人大三次会议上，温家宝总理的政府工作报告中提出，2010年我国将继续实施积极的财政政策和适度宽松的货币政策。广义货币供应量❶增长目标为17%左右，新增人民币贷款7.5万亿元左右，国内生产总值增长8%左右。根据国家统计局发布的最新经济数据，2010年第一季度我国GDP增长率约为12%。

国网能源研究院研究成果表明，2010年我国经济将继续保持平稳较快发展形势，GDP增长率在9.3%～9.8%范围内，推荐值为9.3%。

6.2 电力需求预测

6.2.1 各地区用电需求预测

2010年，随着世界经济逐步走出低谷，外部能源与电力需求总

---

❶ 广义货币供应量，主要包含流通中的现金、企事业单位活期存款和定期存款、居民储蓄存款。

体会好于2009年；同时，国内在扩大内需和改善民生等一系列政策的作用下，电力需求将保持较快增长。国网能源研究院研究表明，2010年全社会用电量将达到3.97万亿～4.06万亿kW·h，同比增长8.5%～11.0%。2010年全国全社会用电量预测结果如表6-1所示。

表6-1　　2010年全国全社会用电量预测结果

预测方法	2009年		2010年	
	用电量（亿kW·h）	增长率（%）	用电量（亿kW·h）	增长率（%）
指数平滑模型	36 587	6.4	40 464～40 678	10.6～11.2
产值单耗法			39 685～40 471	8.5～10.6
重点行业比重法			40 144～40 397	9.7～10.4
部门分析法			39 779～40 529	8.7～10.8
投入产出模型			39 444～40 987	7.8～12.0
多智能体政策模拟分析模型			40 062～40 560	9.5～10.9
综合预测结果			39 700～40 610	8.5～11.0

6.2.2 电力负荷预测

结合近年来最大负荷利用小时数的变化趋势、2008年和2009年电力需求变化历程以及各电网电量增长、最大负荷增长情况，以及国家推进节能减排、推进经济发展方式转变和经济结构调整的政策，预计2010年全社会最大负荷增速将有一定程度的回落，并且由于延续2009年复苏态势的工业用电负荷率较高，在2010年主要体现为电量的增长，因此，负荷增速总体低于电量增速。预计2010年全国全社会最大负荷将达到6.33亿～6.48亿kW（同时率为0.95），同比增长7.7%～10.1%。2010年各电网全社会负荷预测结果如表6-2所示。

表 6-2 2010年全国及各电网全口径负荷预测

电网	2009年		2010年	
	负荷（万kW）	增速（%）	负荷（万kW）	增速（%）
全国	58 819	19.9	63 329～64 781	7.7～10.1
华北电网（含蒙西）	15 642	38.5	16 383～16 754	4.7～7.1
华东电网	15 669	13.9	16 580～16 968	5.8～8.3
华中电网	11 053	16.1	12 598～12 889	14.0～16.6
东北电网（含蒙东）	4668	19.7	5006～5124	7.2～9.8
西北电网	4468	24	4860～4973	8.8～11.3
南方电网	10 380	9	11 195～11 441	7.8～10.2

6.3 电力供需形势分析

6.3.1 电源建设情况分析

预计到2010年底，在考虑退役及关停小火电机组1345万kW后，全国发电装机容量将达到9.5亿kW左右，同比增长8.7%。其中，水电约为2.1亿kW，同比增长6.7%；核电约为1016万kW，同比增长1%；风电约为3000万kW，同比增长86%。水电、核电、风电等清洁能源发电装机容量占总装机容量的26.3%，同比上升0.9个百分点。火电装机容量在7亿kW左右，同比增长7.4%，占电源装机容量的比重为73.7%，同比下降0.9个百分点。

就电源布局来看，2010年新增电源装机主要分布在华东、华北、东北、西北和南方电网供电区域，同比增长分别为23.9%、19.4%、18.7%、17%和15.9%，华中电网地区电源装机同比增长5%。2010年各地区电源装机容量见图6-1。

6.3.2 电力供需平衡分析

2010年，全国电力供需整体平衡略有盈余，但受发电能源供需

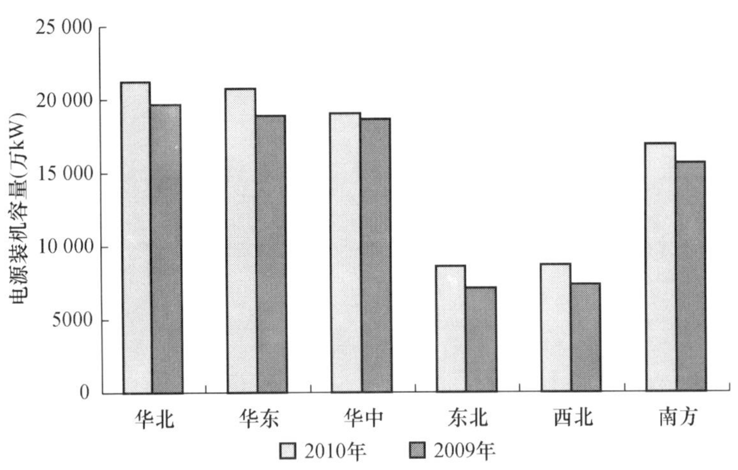

图 6-1 2010 年各地区电源装机容量

的影响，部分时段、部分地区可能出现电力供应紧张。在保证电煤供应以及来水正常的情况下，全国电力供应略有盈余，但由于来水偏枯，加上电煤受产能、价格、运力的影响出现供应不足，第一季度初期部分地区电力供需形势偏紧，主要集中在华中、华北、华东、南方电网个别省（直辖市、自治区），东北、西北电网电力供需整体平衡有余。迎峰度夏期间，如果出现持续高温、电煤供应问题，仍是华中、华北、华东、南方电网电力供需偏紧，东北、西北电网电力供需整体平衡有余。

6.4 电煤供需形势分析

预计 2010 年我国电煤供需量将保持平稳增长，供求关系基本保持平衡，煤炭价格受季节、供需形势影响波动较大，总体呈稳步上涨态势。

煤炭需求温和增长。2009 年，我国经济增长的主要推动力之一是政府投资。政府投资加速已给我国经济结构带来了一定的结构性变化。2010 年，为保持经济的较快增长，在国际经济及市场发展形势十分复杂的情况下，我国将继续实施较宽松的货币政策，继续加大投资。2010 年是我国“十一五”规划的最后一年，也是对各项节能减排指标进行大检验的一年。因此，我国将加快淘汰落后产能和高耗能产业，提高能源利用效率。在这种形势下，2010 年我国的煤炭消费增长将是温和的增长。

煤炭供应稳步增长。2009 年，山西加大煤炭资源整合与安全生产整顿，给山西的煤炭生产造成了一定的影响。2010 年，随着整合工作的不断完成，山西将加快煤矿生产的恢复，煤炭产量将比 2009 年出现一定的增长。内蒙古、新疆、宁夏等主要煤炭生产大省（自治区）加快经济发展，变资源优势为经济优势的意愿迫切，预计 2010 年会进一步加大煤炭产量。2010 年，随着国际经济形势的逐渐好转，国际煤炭消费和价格将稳步增长，我国煤炭进口也将受到相应影响。

煤炭供求关系基本平衡。由于需求、供应皆小幅增长，加之主要产煤区政府和大型煤炭企业自觉调控煤炭供应的市场理性明显增强，预计 2010 年煤炭供求关系不会出现长时间、大面积的煤炭供应紧张或过剩。

煤炭价格基本平稳。前几年煤炭企业弥补经营欠账，PPI 居高不下，促使煤炭成本大幅升高，加之国际油价大幅飙升等因素，带动煤炭价格大幅上涨。2010 年，煤炭需求与供应基本平衡，煤炭市场价格不会大幅走高。基于以上判断，预计 2010 年的煤炭价格应总体保持平稳。

附录1 相关政策及发展目标

（一）可再生能源法修正案

随着近年来我国可再生能源产业的迅猛发展，可再生能源发展环境已发生了很大变化，《中华人民共和国可再生能源法》（以下简称《可再生能源法》）中的一些条款已不适应可再生能源发展的要求。2009年12月26日，第十一届全国人民代表大会常务委员会第十二次会议通过了《全国人民代表大会常务委员会关于修改〈中华人民共和国可再生能源法〉的决定》，于2010年4月1日起实施。

与原《可再生能源法》相比，修正案重在协调解决电网与可再生能源发展过程中出现的问题、建立发展专用基金对可再生能源发展进行扶持。

在修正案中，国家以法律形式对电网企业和发电企业在可再生能源发展间的权利和义务进行了规范。电网企业应当与按照可再生能源开发利用规划建设、依法取得行政许可或者报送备案的可再生能源发电企业签订并网协议，全额收购其电网覆盖范围内符合并网技术标准的可再生能源并网发电项目的上网电量。发电企业有义务配合电网企业保障电网安全。

在修正案中，国家财政设立可再生能源发展基金，资金来源包括国家财政年度安排的专项资金和依法征收的可再生能源电价附加收入等。对于收购可再生能源电量而支付的合理的接网费用以及其他合理的相关费用，电网企业不能通过销售电价回收的，可以申请可再生能源发展基金补助。

电网企业根据依法确定的上网电价收购可再生能源电量所发

生的费用，高于按照常规能源发电平均上网电价计算所发生费用之间的差额，由在全国范围对销售电量征收可再生能源电价附加补偿。

（二）清洁能源相关价格政策

2009年8月1日国家发展改革委出台《关于完善风力发电上网电价政策的通知》，改变了《可再生能源发电价格和费用分摊管理试行办法》（发改价格［2006］7号）中规定的“电价标准由国务院价格主管部门按照招标形成的价格确定”的定价机制，确定了分资源区制定陆上风电标杆上网电价的新的风电电价机制。按风能资源状况和工程建设条件，将全国分为四类风能资源区，相应制定风电标杆上网电价。四类资源区风电标杆电价水平分别为0.51元/(kW·h)、0.54元/(kW·h)、0.58元/(kW·h）和0.61元/(kW·h)。此政策有利于改变当前风电价格机制不统一的局面，进一步规范风电价格管理；有利于引导投资，通过事先公布标杆电价水平，为投资者提供一个明确的投资预期；有利于降低成本、控制造价，项目造价越低、管理越好，收益就越高，激励风电企业不断降低投资成本和运营成本。此外，实行标杆电价也有利于减少政府行政审批。

（三）清洁能源相关财税投资政策

财政部、科技部、国家能源局于2009年7月16日联合印发了《关于实施金太阳示范工程的通知》（以下简称《通知》），决定综合采取财政补助、科技支持和市场拉动方式，加快国内光伏发电的产业化和规模化发展。《通知》的配套文件《金太阳示范工程财政补助资金管理暂行办法》规定：并网光伏发电项目原则上按光伏发电系统及其配套输配电工程总投资的50％给予补助，偏远无电地区的独立光伏发电系统按总投资的70％给予补助。

为确保“金太阳”工程尽快实施，2009年11月9日，财政部、科技部、国家能源局联合下发了《关于做好“金太阳”示范工程实施工作的通知》，这是继7月首次推出《关于实施金太阳示范工程的通知》后又一政策性文件，以确保金太阳工程顺利实施，同时也进一步表明了三部委对发展国内光伏事业的决心。

（四）清洁能源相关技术规范和标准

2009年国家电网公司编制并印发了《国家电网公司风电场接入电网技术规定（修订版）》和《风电场接入系统设计内容深度规定（修订版）》，并按照国家能源局的要求，组织开展了《光伏电站接入电网技术规定》和《小型电站（沼气、余热等）接入电网技术规定》的编制工作，其中，《光伏电站接入电网技术规定》已上报至国家能源局，并印发公司系统执行。

目前，我国清洁能源相关技术规范和标准多为企业编制，执行力有待提高，需要进一步上升到国家层面，如现有的《风电场接入电力系统技术规定》仅为指导性要求，缺乏对风电等清洁能源并网机组管理的强制性规定。另外，清洁能源发电设备相关的技术标准和规范还比较欠缺，需要建立健全清洁能源装备制造和并网检测的准入和认证机制，以实现清洁能源电力的安全并网。

《国家电网公司风电场接入电网技术规定（修订版）》相比于以前的国家标准《风电场接入电力系统技术规定》，内容上更为翔实、细致，有望经积极推动后升级为国家标准，为清洁能源的发展提供有力保障。

（五）清洁能源装备制造业政策

2009年5月12日国务院颁布的《装备制造业调整和振兴规划》指出，全面提高重大装备技术水平，满足国家重大工程建设和重点产业调整振兴需要，百万千瓦级核电设备、新能源发电设备、高速动车组、高档数控机床与基础制造装备等一批重大装备实现自主化。依托十大领域重点工程，振兴装备制造业中包括高效清洁发电和特高压输变电等。以东北、西北、华北北部和沿海地区大型风电场工程为依托，推进风电设备自主化，开发太阳能发电设备。

附录2　2009年清洁能源发展重大事件

（一）联合国气候变化峰会

为了推动国际社会在2009年年底举行的哥本哈根气候变化大会上达成新的温室气体减排协议，督促各国领导人为当前的气候变化问题国际谈判提供政治指导，2009年9月22日在联合国秘书长潘基文的倡议下召开了联合国历史上规模最大的气候变化峰会。

国家主席胡锦涛应邀出席联合国气候变化峰会并发表重要讲话，阐述我国在气候变化问题上的立场、所做的努力和取得的成效，提出国际合作应对气候变化的主张，宣布中国政府将采取的一系列重大举措。特别地，胡锦涛主席提到争取到2020年单位国内生产总值二氧化碳排放比2005年有显著下降；争取到2020年非化石能源占一次能源消费比重达到15%左右；争取到2020年森林面积比2005年增加4000万公顷，森林蓄积量比2005年增加13亿m^3。这组数据表明了我国努力应对世界气候变化的庄严承诺。

胡锦涛主席在峰会上的讲话强调共同但有区别的责任，坚定维护广大发展中国家利益，同时提出科学务实的建议和主张，为加强发达国家和发展中国家之间的对话与合作指明了方向。

（二）哥本哈根会议

随着《京都议定书》有效期的临近，2012年之后各国排放限制目标急需讨论，这涉及各国政治、经济和社会利益的再分配。根据“巴厘岛路线图”，2009年12月7日到18日召开的哥本哈根大会应制定一份明确各方在应对气候变化责任与义务的全球新协议，以取代将于2012年到期的《京都议定书》，以应对日益严峻的全球性气候威胁。

但由于各国意见不尽相同，哥本哈根气候大会最终仅以一项没有法律约束力的《哥本哈根协议》遗憾收场，并将达成具有法律约束力条约的目标推迟到 2010 年年底以前。

然而，此次会议还是取得了一定的进展，主要表现在以下两个方面：

一是国际社会合作应对气候变化的政治意愿得到进一步加强。超过 130 位国家和国际组织领导人出席气候变化大会，规模空前，全球瞩目，这在联合国历史上是史无前例的。另外，与会所有领导人都承诺应对气候变化，这也充分体现出了国际社会对气候变化问题的高度重视及加强合作、共迎挑战的强烈政治意愿。

二是在凝聚共识等方面继续向前迈出了一步。在广大发展中国家的积极参与和强烈坚持下，会议再次维护了《联合国气候变化框架公约》(以下简称《公约》)及其《京都议定书》确立的框架和原则，特别是“共同但有区别的责任”的原则；再次确认了《公约》与《京都议定书》双轨制谈判模式，符合“巴厘岛路线图”的授权；在发达国家减排承诺、发展中国家减缓行动、资金支持和技术转让等问题上也形成了一定的共识。这些成果将确保气候变化谈判沿着正确的轨道向前推进。

阻碍会议达成最后共识的是发达国家之间、发达国家与发展中国家之间的分歧，分歧主要围绕以下三方面：一是发达国家对 2012—2020 年间的温室气体减排承诺相当消极，达不到联合国专家和发展中国家期望的目标；二是对于发展中国家最为关心的环保技术转让和资金支持问题，发达国家一直不愿进行谈判；三是发达国家试图向发展中国家转嫁责任，企图给发展中国家制定减排指标。

（三）美国清洁能源安全法案

2009年6月26日，美国众议院通过了《美国清洁能源安全法案》，并承诺到2020年时，美国的温室气体排放量要在2005年的基础上减少17%，到2050年减少83%。美国拟从2020年起，对包括中国在内的不实施碳减排限额国家进口产品征收碳关税。中国是目前世界碳排放量最大的发展中国家，碳关税政策将给中国出口高耗能产品的企业带来重大影响。因此，为了积极应对绿色贸易壁垒，中国政府应做好投资管理，对新能源、节能、低碳企业要大力支持，同时用税收手段促进企业的结构转型和低碳经济的发展。

（四）碳税、碳交易与低碳产品认证

2009年9月2日，法国总理菲永宣布，法国将从2010年1月开始征收碳排放税，征收标准初步定为每吨14欧元。同时，鉴于法国发电大多使用核能，在减排方面电力部门已经做得很好，因此不再缴纳碳税。

2009年8月，天平汽车保险公司出资27.7万元，成功购买奥运期间北京绿色出行活动产生的8026t碳减排指标，成为中国国内第一单自愿碳减排交易。2009年9月，北京环境交易所表示将推出中国首个自愿碳减排的标准。自愿碳减排标准将由卖方、买方、环境交易所等组织共同制定，狭义上确立减排量检测标准和原则；广义上规定流程、评定机构、规则限定等，以完善市场机制。同时，天津排放权交易所正准备推出有可能成为中国国内首个碳市场的计划。

2009年10月15日我国与德国签约“中德低碳产品认证合作项目”，成为我国在低碳产品认证领域的首个对外合作项目。所谓低碳产品认证，是以产品为链条，吸引整个社会在生产和消费环节参与应对气候变化。通过向产品授予低碳标志，从而向社会推进一个以顾客为导向的低碳产品采购和消费模式。国家环境保护部在参考了国外低碳产品认证发展模式的基础上，决定开展低碳产品认证。在中国环境标志框架下，把产品服务归入适当的分类，设置“气候相关”类产品，与每年中国环境标志标准制定及修订工作结合。

2009年11月，我国财政部财政科学研究所颁布了碳税研究报告，建议5年内开征碳税。报告认为，开征碳税是促进我国节能减排和建立环境友好型社会的有效经济手段之一。报告中指出，碳税的征税范围和对象可以确定为：在生产、经营等活动过程中，因消耗化石燃料直接向自然环境排放的二氧化碳。纳税人包括向自然环境中直接排放二氧化碳的单位和个人。

（五）中国首座千万千瓦级风电基地在甘肃酒泉开工

2009年8月8日，中国规划建设的第一座千万千瓦级风电示范基地——甘肃酒泉风电基地正式开工建设，标志着我国风电建设进入了规模化发展的新阶段。按照规划，酒泉风电基地在“十一五”末将建成装机516万kW；“十二五”末再新增建成装机755万kW，累计建成装机1271万kW。

据估算❶，基地建成后，按年利用小时数2300h、年发电量292.33亿kW·h计算，每年可节约标准煤约972万t，减少烟尘排放量约13万t，减少二氧化硫排放量约11万t，减少二氧化碳排放量约2930万t，节能减排效益明显。

酒泉风电基地的开工建设，对于积累大型风电基地的建设和管理经验，促进我国大型风电基地的健康发展，具有重要的示范作用和国际影响。酒泉基地的建成，不仅可以提供清洁的能源，而且还能为当地培育新兴的风电设备制造产业，提供多个就业机会。

❶ 新华网，中国首座千万千瓦级风电基地在甘肃酒泉开工，http：//news.xinhuanet.com/society/2009—08/08/content_11847336.htm.

（六）坚强智能电网规划与试点工程

2009年5月，为了适应中国国情和新能源发展，国家电网公司发布坚强智能电网发展规划。国家电网公司将分三个阶段推进“坚强智能电网”的建设[1]：2009年至2010年为规划试点阶段，重点开展“坚强智能电网”发展规划工作，制定技术和管理标准，开展关键技术研发和设备研制，及各环节试点工作；2011年至2015年为全面建设阶段，加快特高压电网和城乡配电网建设，初步形成智能电网运行控制和互动服务体系，关键技术和装备实现重大突破和广泛应用；2016年至2020年为引领提升阶段，全面建成统一的“坚强智能电网”，技术和装备全面达到国际先进水平。

同时，国家电网公司确定了第一批智能电网试点工程分别是：在发电环节，建设风光储联合示范工程、常规电源网厂协调试点工程；在输电、变电和配电环节，建设输电线路状态监测中心试点工程、智能变电站试点工程和配电自动化试点工程；在用电环节，分别建设用电信息采集系统试点工程和电动汽车充放电站试点工程；在调度环节，建设智能电网调度技术支持系统试点工程。

[1] 新华网，国家电网公司：2020年建成统一的“坚强智能电网”。

参 考 文 献

[1] 中国煤炭产运销协会．中国煤炭市场 [J]．2009.

[2] 中国煤炭产运销协会．中国煤炭市场网．

[3] 中国电力企业联合会．中电联统计快报．2007—2009.

[4] 国家环保部．2009 年中国环境状况公报．

[5] 国家电网公司发展策划部，国网能源研究院．国家电网公司促进清洁能源发展研究总报告．2009.

[6] 国网能源研究院．中国电力供需分析报告．2010.

[7] 国家统计局．2009 年国民经济和社会发展统计公报．2010.

[8] 董秀成，李君臣．我国“气荒”的原因及对策．天然气工业，2010，30（1）：116～118.

[9] 胡锦涛．携手应对气候变化挑战——在联合国气候变化峰会开幕式上的讲话．http：//www.gmw.cn/01gmrb/2009－09/23/content _ 986209.htm.

[10] 中国电力企业联合会．全国电力供需与经济运行形势分析预测报告．2010 年 1 月．